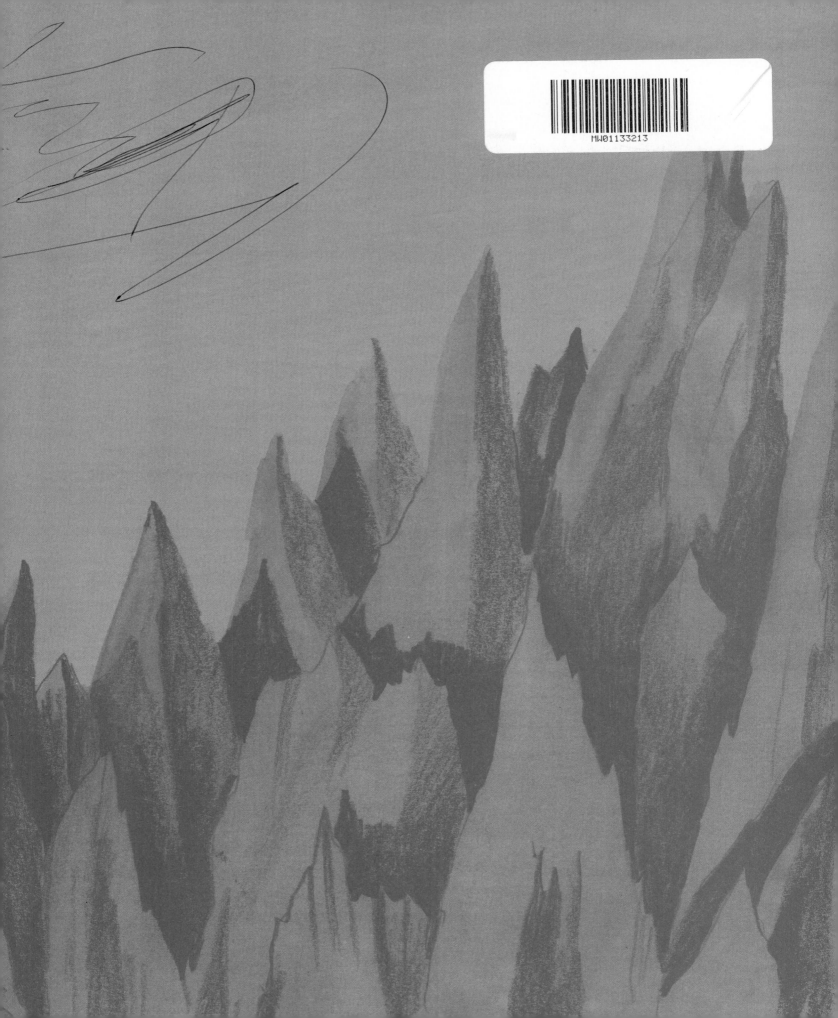

Planeta increíble

Escrito por Anita Ganeri
Ilustrado por Tim Smart

Prólogo de
Steve Backshall

Autora Anita Ganeri
Ilustrador Tim Smart
Consultor de contenidos Dr. Jonathan Dale

Edición sénior Dawn Sirett y James Mitchem
Edición del proyecto de arte Charlotte Bull
Diseño del proyecto Samantha Richiardi
Edición del proyecto Francesco Piscitelli
Edición adicional Robin Moul
Diseño de cubierta Charlotte Bull
Ilustración de cubierta Neil Den
Coordinación de cubierta Issy Walsh
Documentación iconográfica Rituraj Singh
Edición ejecutiva Penny Smith
Edición de producción Dragana Puvacic
Control de producción John Casey
Subdirección de arte Mabel Chan
Dirección editorial Sarah Larter

Edición en español:
Coordinación editorial Cristina Gómez de las Cortinas
Asistencia editorial y producción Malwina Zagawa

Servicios editoriales Tinta Simpàtica
Traducción Ruben Giró Anglada

Publicado originalmente en Gran Bretaña en 2021
por Dorling Kindersley Limited
DK, One Embassy Gardens, 8 Viaduct Gardens,
London, SW11 7BW
Parte de Penguin Random House

Título original: *Amazing Earth*
Primera edición: 2022

ISBN: 978-0-7440-6442-1

Impreso y encuadernado en China

Para mentes curiosas

www.dkespañol.com

Este libro se ha impreso con papel certificado por el Forest Stewardship Council™ como parte del compromiso de DK por un futuro sostenible.
Para más información, visita www.dk.com/our-green-pledge

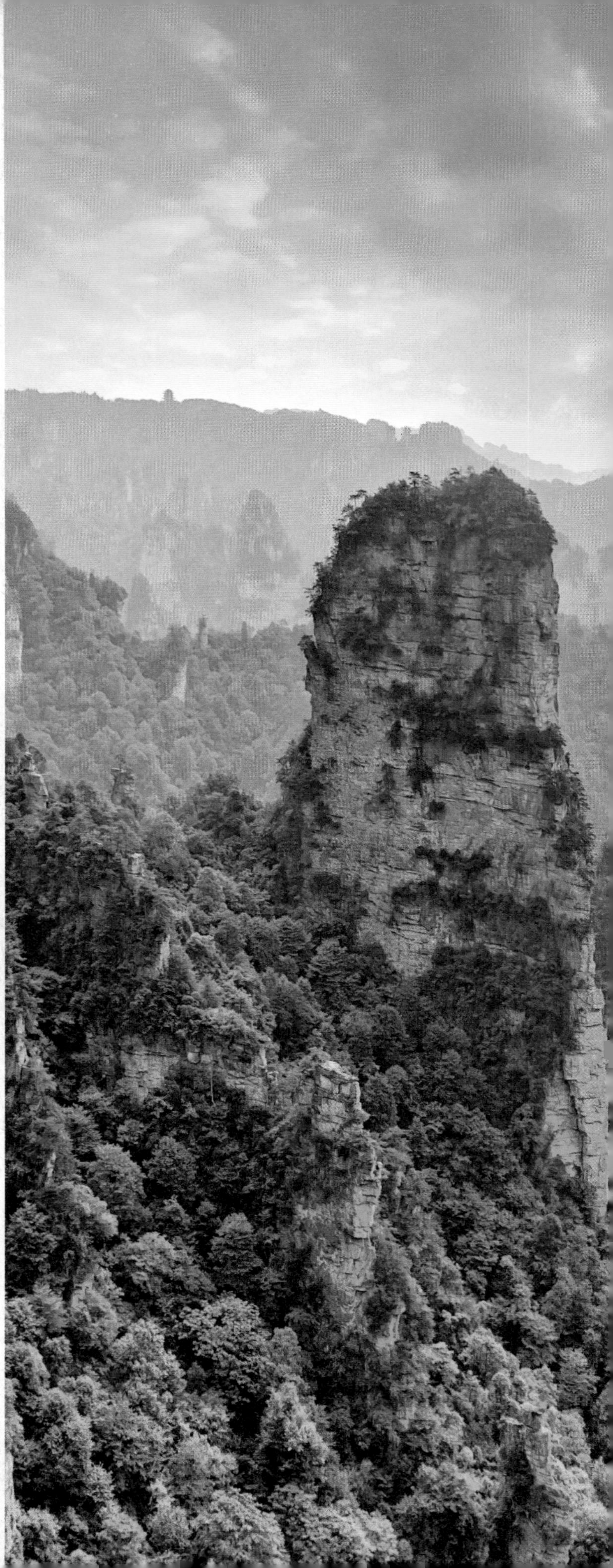

CONTENIDOS

PRÓLOGO

Niebla verde, rosa y blanca en el cielo nocturno del Ártico. Un rascacielos de neón derrumbándose a cámara lenta ante un enorme abismo de hielo que desata una ola por la bahía y hace zozobrar los icebergs. Dunas de arena que cantan con el viento del desierto bajo un sol de justicia y, por la noche, un cielo tan claro que parece que puedas tocar las estrellas. Despertarse en la copa de un altísimo árbol de palo de hierro de Borneo por el ruido de los gibones chillones. Bosques mexicanos con nubes de mariposas tan espesas que rompen las ramas en las que se posan. El Sol saliendo por el Everest y poniéndose tras la meseta de Ennedi, en el Chad. Las cataratas Victoria al final de la estación lluviosa. La selva del Amazonas. El río Congo.

Es un desafío describir los auténticos milagros del planeta Tierra.

Hace poco, tuve el privilegio de ser la primera persona en milenios que entró en una caverna de piedra caliza con las paredes decoradas con siluetas de manos y pinturas de animales de más de 40 000 años de antigüedad. Lo que chocó más a nuestro equipo fue que, a pesar de todos los cambios que han sucedido en el mundo desde entonces, conservamos el mismo sentido de la perspectiva. Observamos que las mayores concentraciones de arte rupestre están situadas en lugares con las mejores vistas del paisaje y el entorno, o en paredes claras que la luz de la Luna convierte en grandes pantallas de cine. Hace decenas de miles de años, esas personas querían más o menos lo mismo que nosotros: seguridad, cobijo, algo para llenar el estómago y un

lugar seco y cálido para descansar. Pero también percibían la belleza, igual que nosotros. Y aunque quizá estemos exagerando un poco, también nos sorprendió otra cosa que vimos en los bosques de Surinam, cuando descubrimos una catarata desconocida: encontramos caca de jaguar en el mejor sitio para admirar el paisaje. Era imposible no pensar que aquel magnífico felino había ido hasta allí, como nosotros, ¡para disfrutar de la vista!

Las maravillas naturales de este libro llevan atrayendo a los seres humanos y sus parientes desde el inicio de los tiempos. Han dado pie a religiones y creencias: pueblos indígenas de todo el planeta veneran el espíritu de cada roca y de cada árbol, y consideran sagrados todos los lugares elevados y espectaculares.

Disfruta de las maravillas que contienen estas páginas, pero quizá cuando hayas acabado, reflexiona un poco sobre el hecho de que muchos de estos lugares fabulosos han sobrevivido a extinciones y al paso del tiempo, pero ahora tienen delante su mayor reto: nosotros.

Steve

Steve Backshall,
caballero de la Excelentísima
Orden del Imperio Británico

Naturalista, explorador y presentador de documentales de naturaleza ganadores de premios BAFTA y Emmy

Smoking Hills, Canadá

Norteamérica

Rift de Silfra, Islandia

Calzada del Gigante, Irlanda del Norte

Gran Fuente Prismática, Estados Unidos

Géiser Fly, Estados Unidos

Cascada de fuego, Estados Unidos

Cañón del Antílope, Estados Unidos

Dunas cantoras, Estados Unidos

En Norteamérica, déjate cautivar por los colores atractivos del géiser Fly.

En Europa, visita las impactantes columnas de roca de la legendaria Calzada del Gigante.

Cenote Ik Kil, México

Gran Agujero Azul, mar del Caribe, ante la costa de Belice

Monte Roraima, a lo largo de la frontera de Brasil, Venezuela y Guayana

Un viaje fantástico

Desde una gélida plataforma de hielo ante la costa de la Antártida hasta un lago de agua salada y caliente en África, y desde una imponente montaña en Sudamérica hasta un enorme cráter de meteorito en Australia, este libro está lleno de lugares increíbles en todos los continentes.

En tu viaje visitarás todo tipo de paisajes, hábitats y climas. En cada lugar encontrarás un pequeño mapa del mundo para saber dónde estás. Aquí tienes todos los lugares juntos. ¿Por dónde empezarás la aventura?

Lençóis Maranhenses, Brasil

Sudamérica

Salar de Uyuni, Bolivia

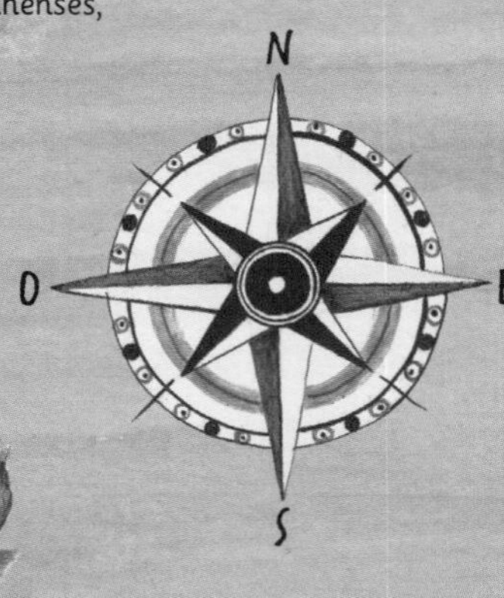

Cuevas de Mármol, frontera entre Chile y Argentina

En Sudamérica, viaja en barco para visitar las relucientes y azules Cuevas de Mármol.

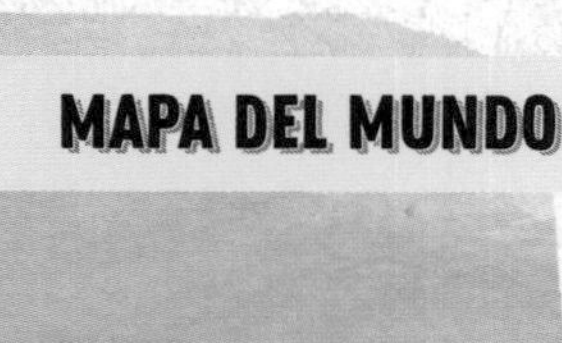

Trolltunga, Noruega

Islas Frisias septentrionales, Alemania

Europa

Lago Baikal, Rusia

Asia

Valle de los Géiseres, Rusia

Pamukkale, Turquía

Montañas de Zhangjiajie, China

Mar Muerto, en la frontera entre Jordania e Israel

Valle de las Ballenas, Egipto

Puentes de raíces de Meghalaya, India

Cataratas Ban Gioc, Vietnam

Chinoike Jigoku, Japón

Cueva Manjanggul, Corea del Sur

Bahía de Ha Long, Vietnam

En Asia, ve de excursión a las montañas de Zhangjiajie, coronadas por bosques.

África

Archipiélago de Socotra, Yemen

Lago Natron, Tanzania

Colinas de Chocolate, Filipinas

Mar de Estrellas, Maldivas

Cráter de Ngorongoro, Tanzania

Oceanía

Costa de los Esqueletos, Namibia

Tsingy de Bemaraha, Madagascar

Cráter de Wolfe Creek, Australia

Deadvlei y Sossusvlei, Namibia

En Australia, viaja hasta el lago Hillier, con sus aguas rosa chicle.

Lago Hillier, Australia

Cuevas de luciérnagas de Waitomo, Nueva Zelanda

Si eres un explorador ávido, pasa a la página siguiente...

En África, haz un viaje espeluznante a la costa de los Esqueletos.

Ante la costa de la Antártida, maravíllate con la barrera de hielo de Ross, más grande que un país.

Barrera de hielo de Ross, mar de Ross, ante la costa de la Antártida

Antártida

RIFT DE SILFRA

En el precioso rift de Silfra, en Islandia, se puede explorar un mundo mágico entre dos placas en movimiento de la corteza terrestre. Allí, los buceadores pueden ver a más de 100 m de distancia en el agua cristalina. En las zonas más estrechas del rift, pueden tocar a la vez Norteamérica y Europa.

Los buceadores entran al agua por unas escaleras y salen por una plataforma en un extremo del rift.

PLACAS MÓVILES

A lo largo de unos 16 000 km por el medio del océano Atlántico avanza una enorme cordillera de montañas, la dorsal mesoatlántica, que separa dos placas tectónicas de la Tierra: la placa norteamericana y la placa euroasiática.

Placas tectónicas

La corteza terrestre (su capa más externa) se divide en grandes losas de roca conocidas como placas tectónicas, que tienen encima tierras (corteza continental) y océanos (corteza oceánica).

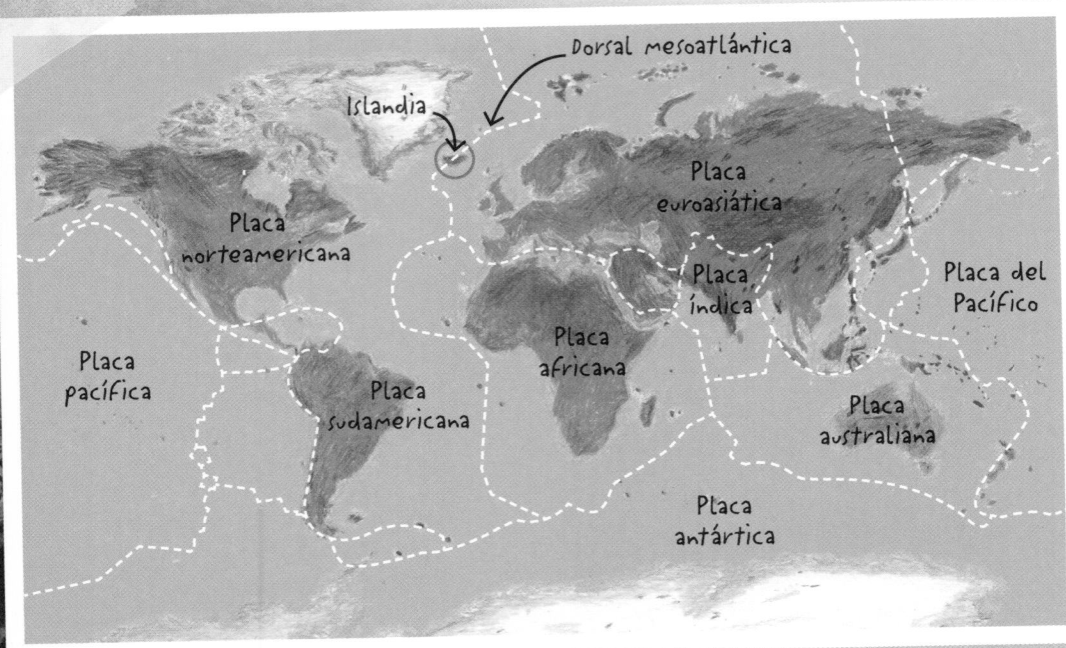

Las placas tectónicas están en constante movimiento: se separan, se acercan o se rozan entre sí.

En las dorsales oceánicas, como la dorsal mesoatlántica, las placas se separan. El magma sube, rellena el vacío y forma el lecho marino nuevo que creará la dorsal.

La creación de los rifts

Gran parte de la dorsal mesoatlántica queda bajo el agua, pero también tiene zonas sobre el nivel del mar que crean islas, como Islandia. Las placas norteamericana y euroasiática se separan, acumulan tensión y provocan terremotos, que crean grietas, conocidas como rifts, como el rift de Silfra, en la corteza terrestre a lo largo de la dorsal mesoatlántica.

Buceo en Silfra

El rift de Silfra está en la orilla del lago Thingvallavatn, en el Parque Nacional de Thingvellir. Tiene una longitud de unos 300 m y una profundidad máxima de 63 m. Los buceadores nadan entre acantilados de magma solidificado. El agua es tan cristalina que la visibilidad supera los 100 m. Los buceadores no pueden bajar a más de 18 m y deben llevar trajes de neopreno para conservar el calor.

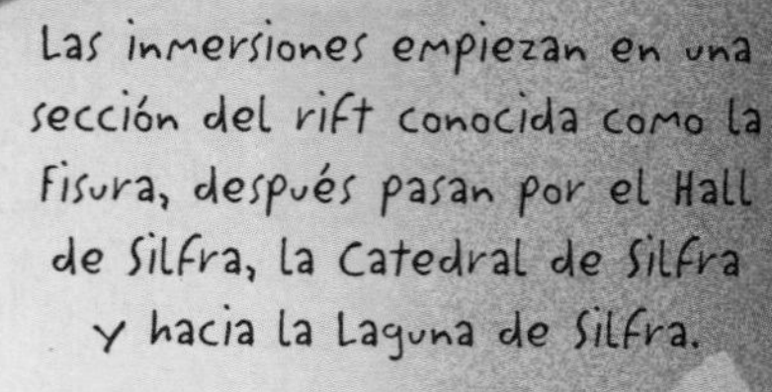

Las inmersiones empiezan en una sección del rift conocida como la Fisura, después pasan por el Hall de Silfra, la Catedral de Silfra y hacia la Laguna de Silfra.

El estrecho rift de Silfra está en la orilla del lago Thingvallavatn.

Algas verdes «cabello de trol»

Agua limpia

El agua del rift de Silfra proviene de un glaciar de unos 50 km de longitud. A menudo, el agua fundida de glaciar es turbia, pero aquí la roca volcánica la filtra y queda cristalina y transparente. Gracias al flujo constante de entrada de agua dulce, el agua del rift está fría, pero nunca llega a congelarse, sino que permanece entre 2 y 4 °C todo el año. En el lago Thingvallavatn hay peces, pero muy pocos visitan el rift. Eso sí, en el rift viven muchas plantas: el «cabello de trol», de color verde vivo, y otros tipos de algas brotan en grandes matas sobre las rocas.

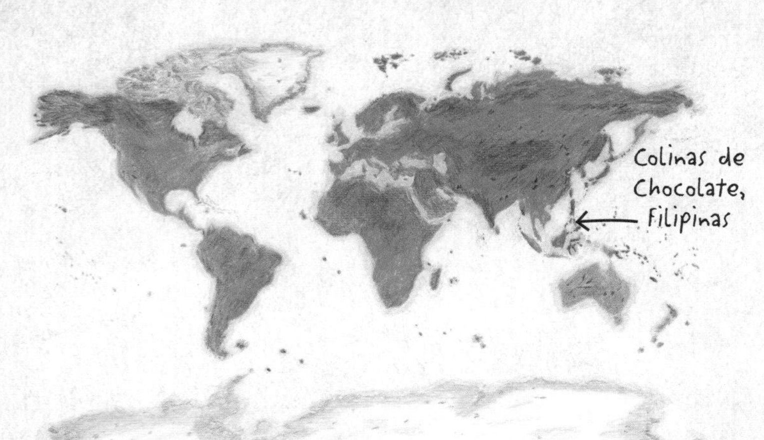

COLINAS DE CHOCOLATE

En la isla de Bohol en las Filipinas verás algo insólito en la estación seca: cientos de colinas redondeadas, marrones, puestas como bombones de chocolate. En el clima monzónico crecen plantas exuberantes y estas colinas, cubiertas de hierba, están rodeadas de selva y arrozales.

La isla es la morada del minúsculo tarsero filipino, uno de los primates más pequeños del mundo.

CREACIÓN DE CORAL

Las Colinas de Chocolate son de piedra caliza cubierta de hierba. Muchos científicos creen que son los restos de antiguos arrecifes de coral (el coral creó la piedra caliza). Con el paso del tiempo, la lluvia las ha ido gastando hasta dejarlas lisas.

Por qué las colinas pueden ser los restos de arrecifes de coral

Hace 2 millones de años, había un mar poco profundo. El lecho marino estaba cubierto de coral.

La piedra caliza (creada por el coral) se agrietó al subir.

Suelo

El movimiento de la corteza terrestre hizo subir la tierra y los corales quedaron al aire.

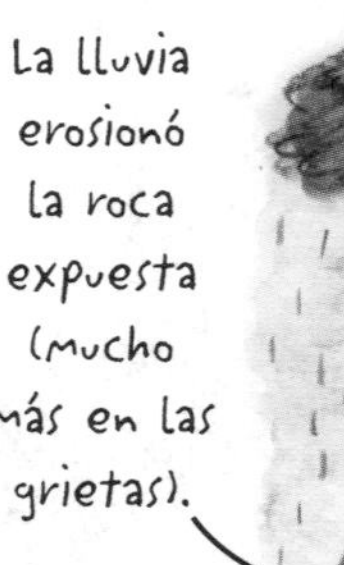

La lluvia erosionó la roca expuesta (mucho más en las grietas).

Lentamente, la lluvia erosionó la piedra caliza hasta convertirla en montículos redondos: las Colinas de Chocolate.

Como bombones en una caja

Hay más de mil colinas, casi todas de forma idéntica. Ninguna es muy elevada: la más alta tiene solo 120 m de altura. En la estación lluviosa, quedan cubiertas de hierba. En la estación seca, la hierba muere y se vuelve marrón, color que le da nombre.

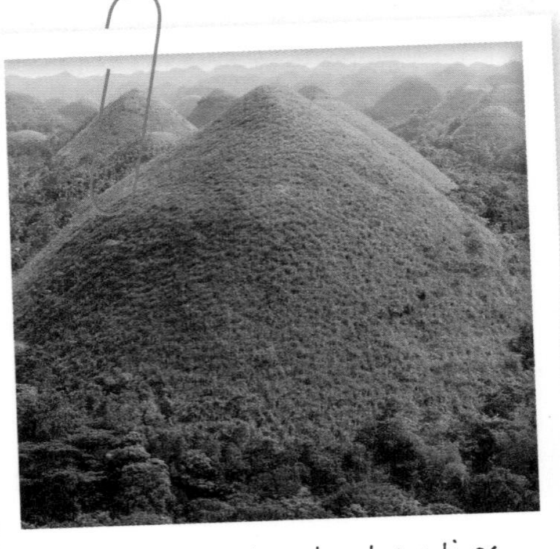

La hierba verde cubre las colinas durante la estación lluviosa tropical.

En la estación seca, la hierba muere y las colinas quedan marrones.

Refugio de tarseros

Además de las Colinas de Chocolate, la principal atracción de la isla de Bohol es el refugio de tarseros. Esta franja de selva tropical protegida es el hogar de cientos de estos animales, en peligro de extinción.

Los tarseros cazan insectos de noche. Tienen unos grandes ojos para ver en la oscuridad.

Cuenta la leyenda

Una leyenda local cuenta una historia inventada sobre la creación de las colinas por parte de dos gigantes rivales. En una lucha que duró varios días, los gigantes se tiraron rocas y piedras entre sí. Al final, agotados, acordaron una tregua y al cabo de poco partieron de la isla abandonando el campo de batalla repleto de peñascos.

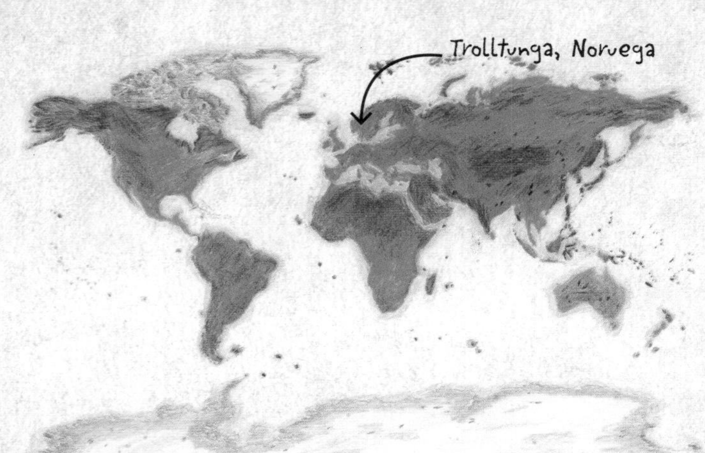

TROLLTUNGA

A unos 700 m sobre un lago en Noruega sobresale una gran losa de roca. Este espectacular fenómeno natural se conoce como Trolltunga (en sueco, «lengua de trol») y está en los fiordos noruegos del sur. El clima de montaña de la zona es frío, húmedo y ventoso buena parte del año.

La vista desde la punta de la lengua del trol es espectacular, pero no es un lugar apto para quienes tienen vértigo.

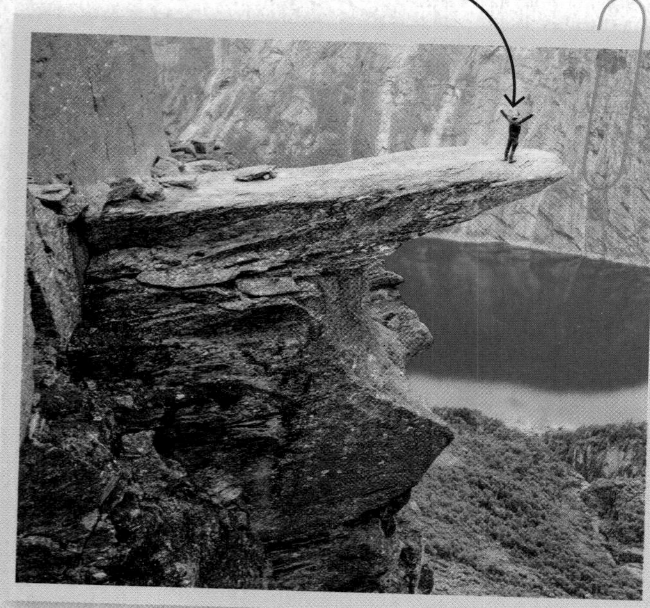

LENGUA DE TROL

Trolltunga se formó durante la última glaciación, hace unos 10 000 años, cuando unos enormes glaciares avanzaban lentamente por esta zona de Noruega. El agua fundida de los glaciares se colaba por las grietas de la dura roca gneis. Al congelarse, rompía la roca.

Cómo se formó Trolltunga

Roca rota
Glaciar
Agua fundida
Roca gneis

El agua fundida de los glaciares se congeló en las grietas de la dura roca gneis, hizo romper fragmentos de la roca y quedaron puntas agrestes.

Trolltunga
Roca gneis

Con la retirada de los glaciares, aparecieron rocas rotas y agrestes; una de estas es Trolltunga.

Historias de troles

En Noruega se cuentan muchas historias de troles en las que se dice que estos seres míticos se convierten en piedra cuando les da el Sol. Por eso viven en cuevas oscuras que solo abandonan al anochecer. Una de ellas cuenta que un trol no creía que hubiera peligro alguno. Para demostrarlo, sacó su lengua al Sol... y así se formó Trolltunga.

Puede que tengan que pasar miles de años antes de que ocurra, pero la piedra acabará cayendo por el movimiento y las grietas de las rocas.

En el área vive uno de los mayores rebaños de renos salvajes de Europa. Pacen hierbas y líquenes.

Roca en equilibrio

Otra increíble formación rocosa de los fiordos noruegos del sur es Kjeragbolten, una enorme piedra que un glaciar depositó hace mucho tiempo. Está encajada entre dos rocas, en la montaña Kjerag, y suspendida a una altura de 984 m sobre un profundo barranco.

Dura excursión

Trolltunga es un destino popular para los excursionistas. Se tarda entre diez y doce horas en completar los 27 km del trayecto de ida y vuelta por un terreno empinado, rocoso y a veces cenagoso. De septiembre a junio queda cubierto de hielo y nieve. Hay que estar en forma, ir bien equipado y ser cuidadoso. A veces se producen lesiones; y en 2015, por desgracia, murió un excursionista.

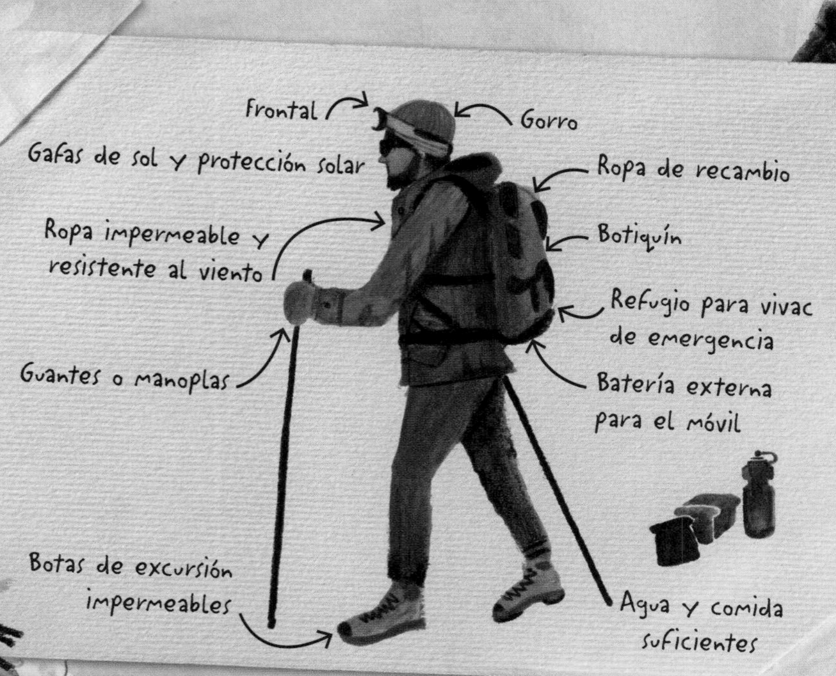

BARRERA DE HIELO DE ROSS

La barrera de hielo de Ross es una masa del tamaño de Francia que flota ante la costa de la Antártida. Las barreras de hielo flotan en el mar unidas a los glaciares que avanzan hacia la costa y las hacen crecer. Esta barrera recibe material de más de cinco glaciares.

La barrera de hielo de Ross es la barrera de hielo más grande del mundo y flota sobre el mar de Ross. Al otro lado de la Antártida se encuentra la barrera de hielo de Ronne, la segunda más grande del planeta.

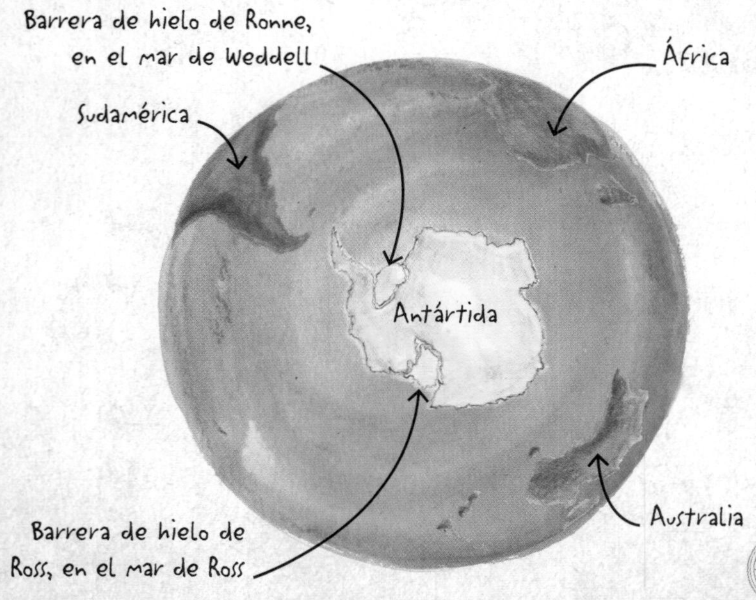

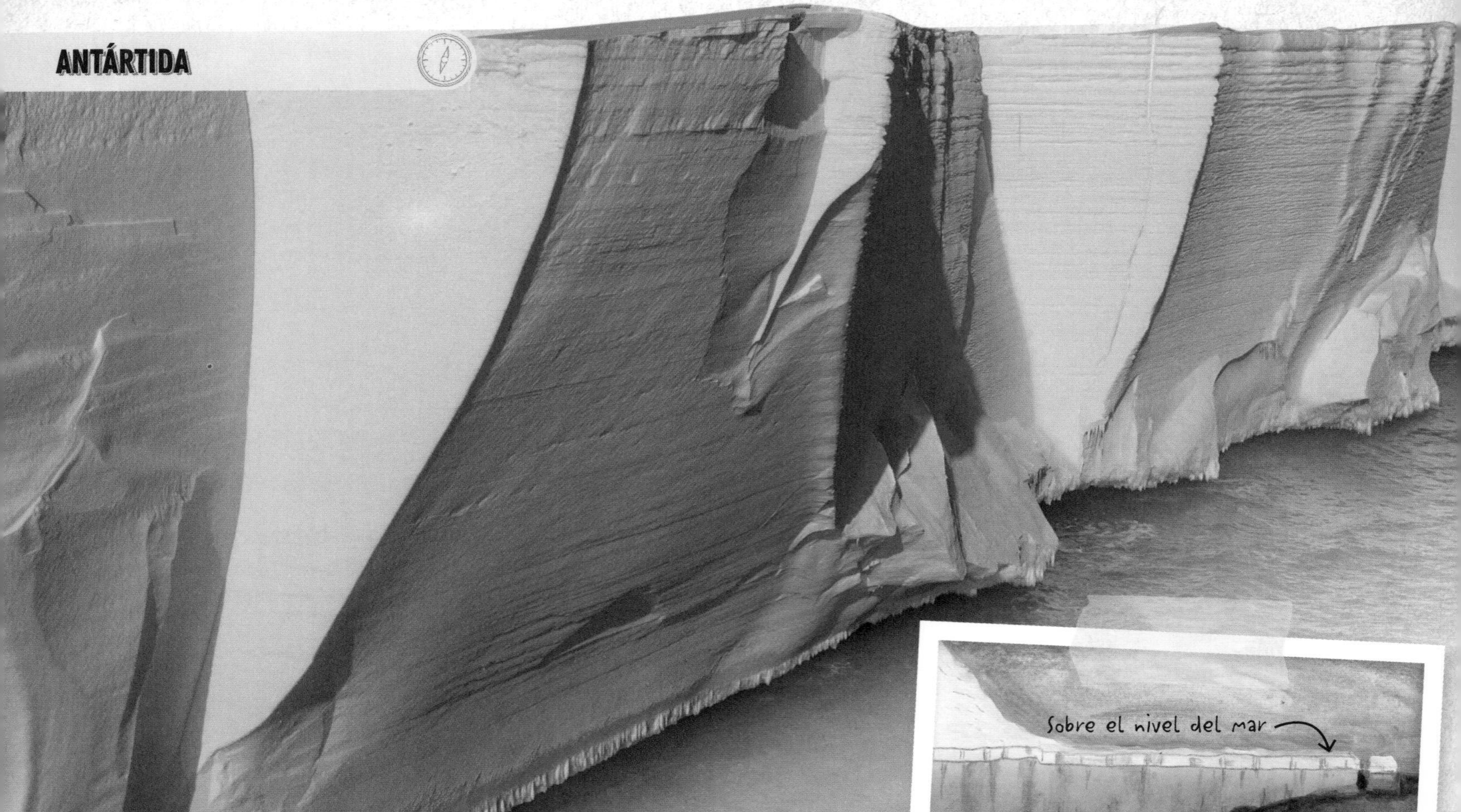

Sobre el nivel del mar

Bajo el agua

El 90 % de la barrera de hielo de Ross queda bajo el agua. El hielo avanza hacia el mar a una velocidad de hasta 3 m al día.

ACANTILADOS DE HIELO FLOTANTE

La barrera de hielo de Ross es la mayor barrera de hielo del mundo, con 750 m de profundidad máxima (desde su parte superior hasta el fondo). Sus acantilados pueden alcanzar 50 m sobre el agua. Su frente mide más de 600 km de lado a lado.

Formación de icebergs

A veces aparecen grietas en la barrera de hielo de Ross y se separan grandes fragmentos de hielo que forman icebergs. Estos acaban llegando a aguas más cálidas y se funden. Un iceberg que se separó en el año 2000 se ha ido dividiendo en trozos cada vez más pequeños y ha recorrido más de 10 000 km a la deriva gracias a las corrientes oceánicas.

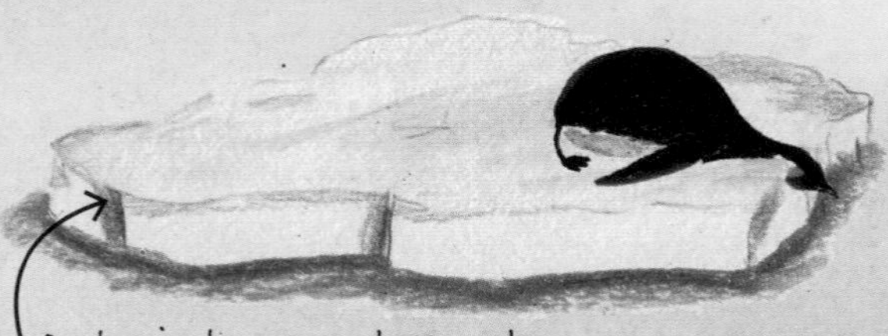

De los icebergs se desprenden pequeños bloques de hielo flotante.

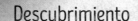

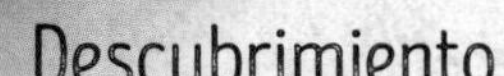

Descubrimiento

La barrera de hielo de Ross debe su nombre al explorador británico James Clark Ross, que fue quien la descubrió en 1841. Más tarde fue el punto de partida de la expedición para llegar al Polo Sur que lideró el noruego Roald Amundsen. En enero de 1911 fundó el campo base en la bahía de las Ballenas, un puerto natural en la barrera. Llegó al Polo Sur el 14 de diciembre de 1911.

Los barcos de Ross, el *Erebus* y el *Terror*, tenían el casco reforzado para navegar por el banco de hielo del océano Antártico.

Foca de Weddell

El IcePod es un sistema de instrumentos que sirve para registrar la fusión de la barrera de hielo de Ross. Lo lleva equipado un avión que sobrevuela esta barrera.

Fusión peligrosa

La barrera de hielo de Ross frena el movimiento por tierra de los glaciares que la hacen crecer. Puede que a causa del cambio climático la barrera de hielo de Ross se funda. Si desaparece, es probable que los glaciares empiecen a moverse hacia la costa cinco veces más rápido y, si llegan hasta el mar y se funden, subirá el nivel del agua.

Los pingüinos de Adelia descansan en el hielo, así que también están amenazados por el cambio climático.

El mar Muerto, en la frontera entre Jordania e Israel

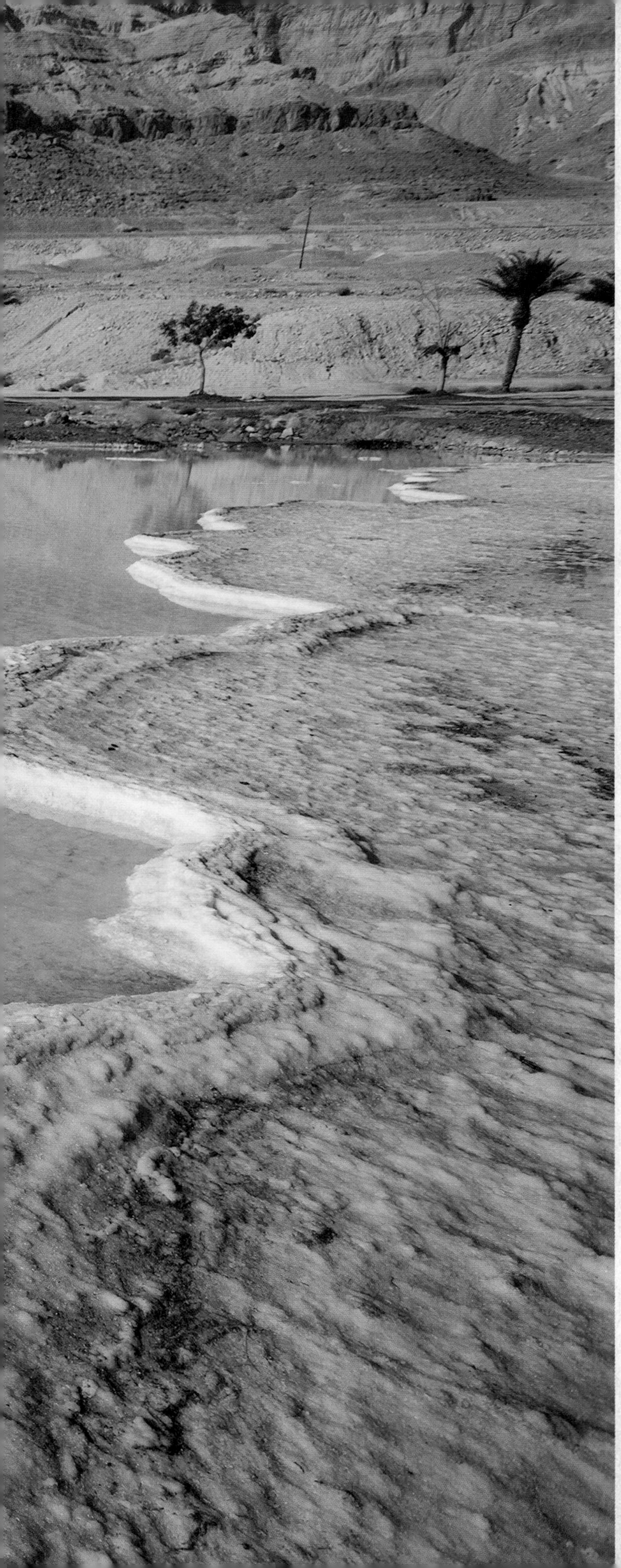

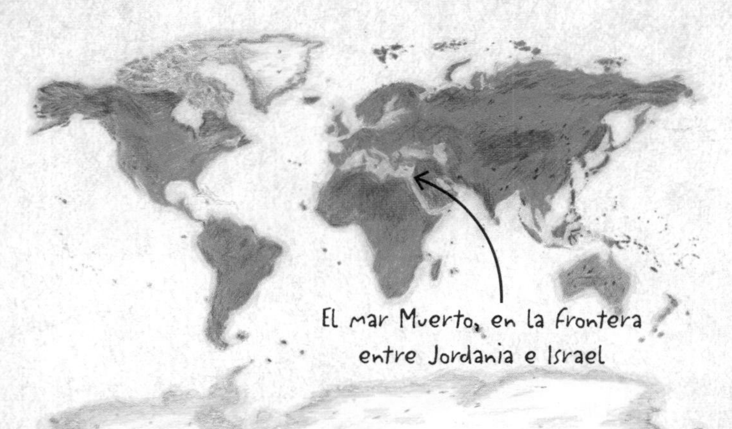

MAR MUERTO

El mar Muerto está el desierto de Judea, en la frontera entre Jordania e Israel. Pese a su nombre, no es realmente un mar, sino un lago salado rodeado de tierra. Es la masa de agua más salada de la Tierra y es famoso porque su alta densidad te hace flotar. La sal cristaliza en su orilla y crea bonitos contornos y formaciones.

Estos guijarros lisos son cristales redondeados de halita (sal de roca). Están repartidos por las orillas del lago y se forman por evaporación en el clima seco.

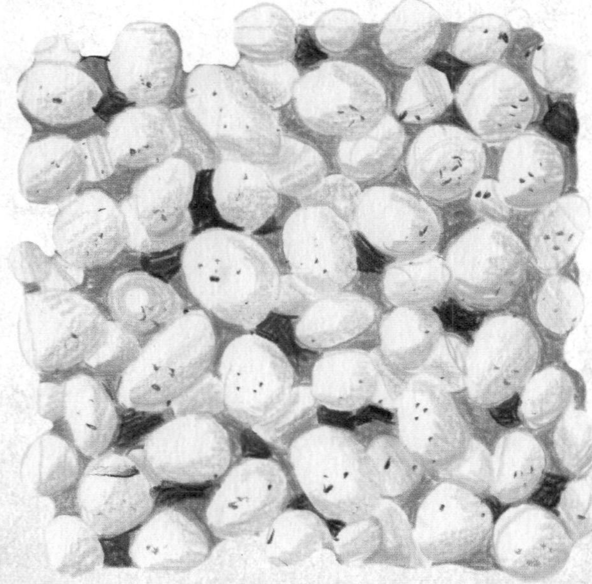

FORMACIÓN DEL LAGO

A 430 m por debajo del nivel del mar, el mar Muerto es el punto más bajo de las áreas terrestres del planeta (los océanos están a mayor profundidad). Se formó hace unos 4 millones de años, cuando el Mediterráneo inundó el valle del río Jordán y creó una laguna. Hace unos 2 millones de años, el movimiento de la corteza terrestre hizo subir la tierra, lo que separó la laguna del mar y la convirtió en un lago.

Cómo se formó el mar Muerto

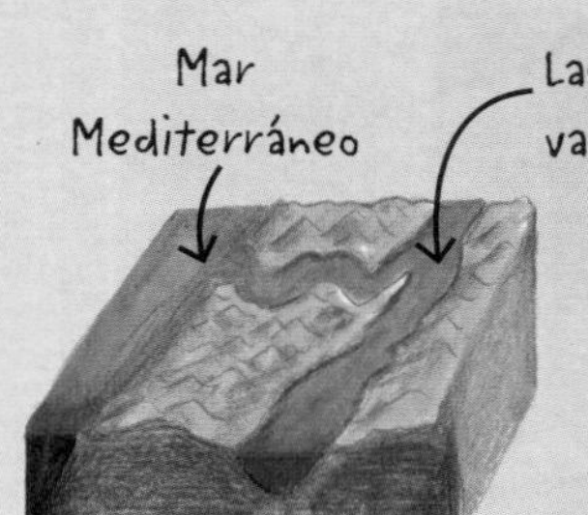

El Mediterráneo inundó el valle.

La tierra subió

Lago rodeado de tierra

El movimiento de la corteza terrestre hizo subir el suelo y la laguna se convirtió en un lago.

Dos lagos más pequeños

Al hacerse más seco el clima, el lago se redujo y se convirtió en dos lagos más pequeños.

Mar de Galilea

Mar Muerto

Uno de los lados es el mar Muerto y el otro es el mar de Galilea.

Entre 1930 y 2016 el mar Muerto perdió casi la mitad de su tamaño. Donde antes había agua el suelo queda inestable, seco y salado; cuando se hunde, aparecen dolinas.

Mar en retroceso

En esta área desértica, el agua del río Jordán que llena el mar Muerto se desvía para uso doméstico y para riego. Esta es la razón por la que el nivel del lago pierde más de 1 m al año. A medida que se va encogiendo, va dejando atrás una tierra seca y salada. El agua dulce disuelve esta tierra inestable y crea unas grandes cavernas subterráneas, cuyo techo puede hundirse y provocar la aparición de miles de dolinas.

Los depósitos de sal se acumulan en las orillas del mar Muerto.

Supersalado

El mar Muerto, casi nueve veces más salado que los océanos, es el cuerpo de agua más salado de la Tierra. Aparte de las diminutas cantidades de bacterias que se han adaptado a sus condiciones, ni plantas ni animales pueden sobrevivir en él, y este es el origen de su nombre. La sal y el resto de los minerales del mar Muerto crean preciosas formaciones cristalinas.

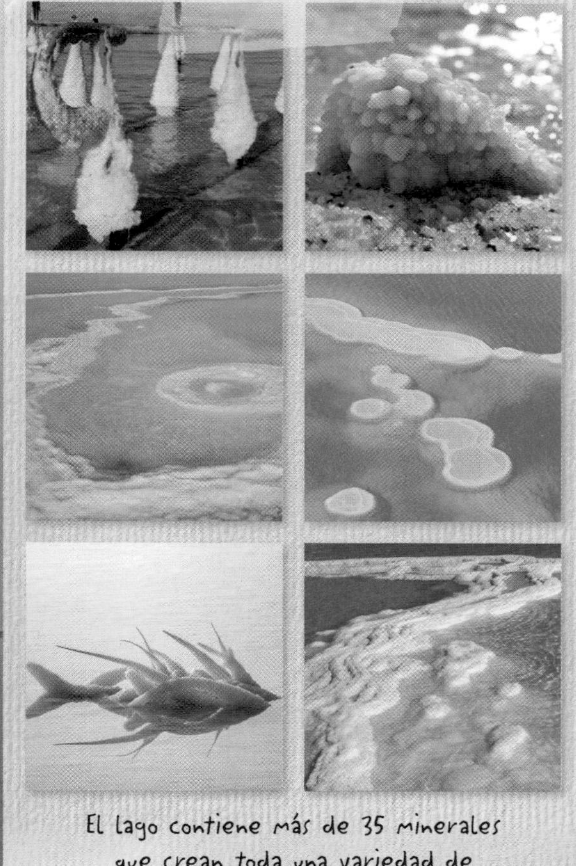

El lago contiene más de 35 minerales que crean toda una variedad de formaciones cristalinas.

La sal hace que sea imposible hundirse en el agua y es fácil flotar en su superficie.

Turistas del mar Muerto

Durante miles de años, el mar Muerto ha recibido muchos visitantes que van allí a disfrutar de su fantástica ubicación en el desierto y de las propiedades curativas del agua y el lodo. La sal y los demás minerales son beneficiosos para la piel. Las orillas del lago cuentan con hoteles, complejos y balnearios.

MAR DE ESTRELLAS

Durante las noches de finales de verano en las Maldivas, el mar que rodea la isla tropical de Vaadhoo brilla y destella al batir contra la orilla. El agua está repleta de plantas microscópicas que convierten el océano Índico, habitualmente muy oscuro, en un hipnótico mar de estrellas.

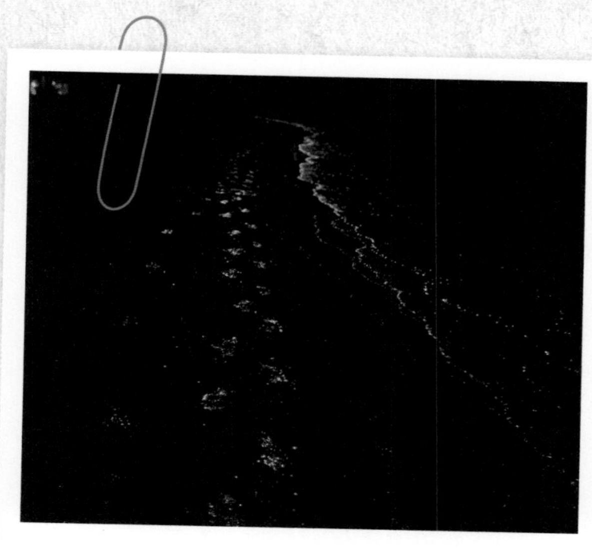

Pasea de noche por la playa y deja pisadas brillantes por la arena.

BRILLO EN LA OSCURIDAD

Este increíble espectáculo estrellado se debe a la bioluminiscencia de miles de millones de minúsculos seres vivos unicelulares conocidos como fitoplancton. El fitoplancton está presente en océanos y lagos. Una reacción química de su interior, activada por el movimiento del agua, genera la luz, que protege al fitoplancton desconcertando a posibles predadores.

El fitoplancton se compone de seres vivos unicelulares microscópicos (sobre todo plantas, pero puede presentar tanto características de plantas como de animales).

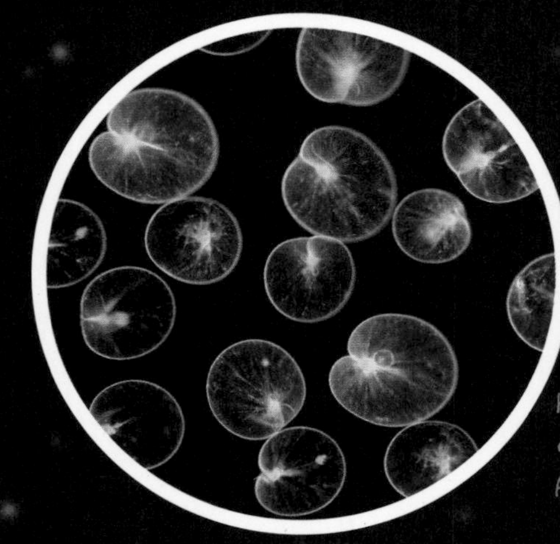

Hay casi 20 especies de fitoplancton capaces de emitir luz.

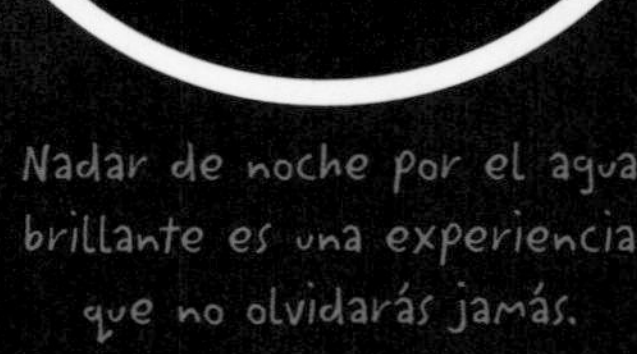

Nadar de noche por el agua brillante es una experiencia que no olvidarás jamás.

La reserva de la biosfera de Kogelberg, cerca de Ciudad del Cabo en Sudáfrica, es otro lugar donde el fitoplancton brilla de noche en el mar.

Más mares de estrellas

Hay varios lugares en el mundo donde el fitoplancton hace brillar el mar nocturno, como playas de la India, Tailandia, Australia, Japón, Puerto Rico, Sudáfrica y Estados Unidos.

Islas de coral

La isla de Vaadhoo forma parte de las Maldivas, un país compuesto por unas 1300 islas de coral y bancos de arena. Las islas tienen un clima monzónico tropical, cálido y húmedo, con temperaturas de unos 30 °C. Todas las islas son planas y de poca altura, ninguna supera los 1,8 m sobre el nivel del mar.

En las Maldivas hay algunas islas y muchos atolones, que son islas de coral en forma de anillo, con un lago de agua de mar en su interior conocido como laguna.

Vida en el arrecife

Las islas están rodeadas de arrecifes de coral que rebosan de vida. Existen unas 185 especies diferentes de coral y más de 1000 especies de animales marinos, incluyendo tortugas marinas, almejas gigantes, mantas y tiburones.

Tortuga marina carey

Coral cerebro

Corales blandos

Esponja de mar

CALZADA DEL GIGANTE

En Irlanda del Norte, miles de columnas de piedra se desprendieron de los acantilados y formaron una calzada que se cuenta que usaban los gigantes. La zona tiene un clima templado, húmedo y ventoso, lo que acentúa todavía más la magnífica belleza de la costa rocosa.

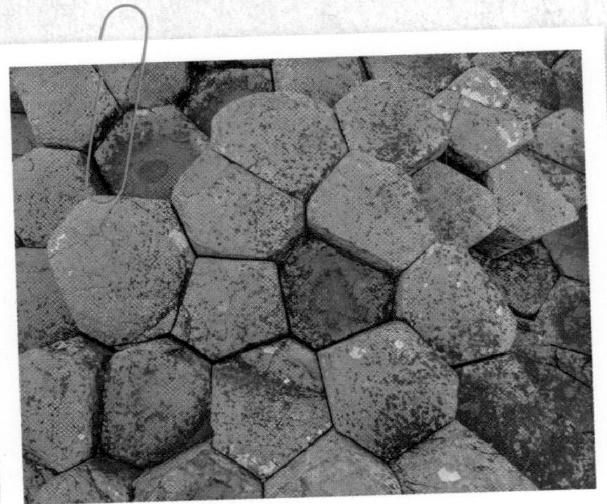

A vista de pájaro se aprecia la forma de las columnas. Muchas tienen 5 o 6 caras rectas. Este tipo de formación rocosa se denomina disyunción columnar y se forma al enfriarse y solidificarse la lava.

CALZADA FRÍA

Hace entre 50 y 60 millones de años, una enorme actividad volcánica forzó la salida de roca basáltica fundida a través de las grietas del suelo. Cuando la lava llegó al mar, se enfrió y se endureció formando columnas. La presión entre las columnas esculpió sus espectaculares formas geométricas.

Mito gigante

Según el folclore local, fue el gigante irlandés Fionn MacCumhaill (también conocido como Finn MacCool) quien construyó la Calzada del Gigante. Cuenta la leyenda que la hizo para cruzar el mar, llegar a Escocia y enfrentarse a Benandonner, su rival, que amenazaba con tomar el control de Irlanda. No obstante, Benandonner era más grande que Fionn, así que este debía utilizar una argucia para vencerlo.

Cómo se formó la Calzada del Gigante

Hace unos 60 millones de años, la lava basáltica fundida salió por las grietas del suelo.

Las disyunciones (grietas) de las columnas se formaron y crearon la forma de columna en la roca basáltica.

El basalto se enfrió rápidamente y se rompió al solidificarse (como las grietas al secarse un charco), lo que dio su forma a las rocas.

El acantilado basáltico quedó expuestos por la erosión de la orilla.

Con el tiempo, los glaciares, el aumento del nivel del mar, la acción de las olas y la lluvia erosionaron la orilla, y las columnas de la Calzada quedaron expuestas.

OTRAS FORMACIONES ROCOSAS INCREÍBLES

Gruta de Fingal, Escocia

La gruta de Fingal es una cueva marina en la isla de Staffa, Escocia. Sus paredes se componen de columnas hexagonales de roca basáltica, como las de la Calzada del Gigante.

Cosas de gigante

Cuando explores la Calzada del Gigante, busca todas estas formaciones famosas: en la foto, el Camello y la Bota del Gigante. También puedes ver la Silla de los Deseos y el Órgano.

El Camello: se dice que esta roca había sido un camello que montaba Finn para cubrir largas distancias y que acabó convertido en piedra.

La Bota del Gigante: se dice que es la bota que perdió Finn al huir. Se cree que calzaba una talla 550. ¡Menudo pie!

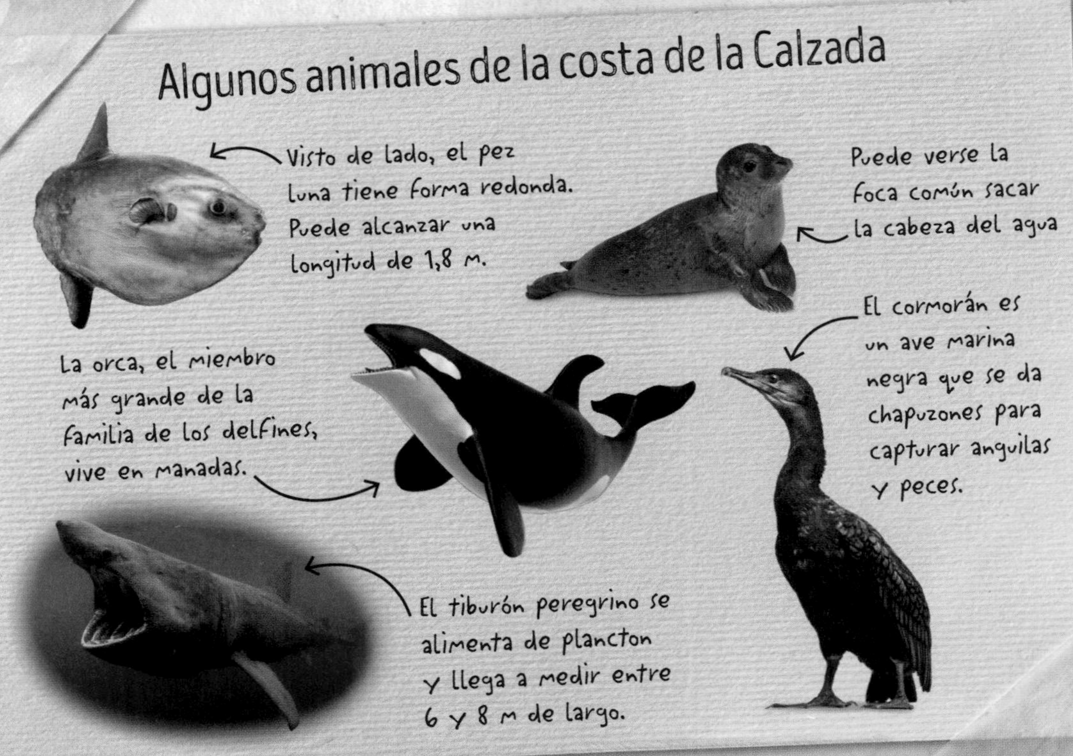

Algunos animales de la costa de la Calzada
Visto de lado, el pez luna tiene forma redonda. Puede alcanzar una longitud de 1,8 m.
Puede verse la foca común sacar la cabeza del agua
El cormorán es un ave marina negra que se da chapuzones para capturar anguilas y peces.
La orca, el miembro más grande de la familia de los delfines, vive en manadas.
El tiburón peregrino se alimenta de plancton y llega a medir entre 6 y 8 m de largo.

Cabo Stolbchaty, Rusia

En el cabo Stolbchaty, en la isla de Kunashir, Rusia, se pueden visitar una columnas de basalto similares. La isla está formada por 4 volcanes activos.

Devil's Postpile, Estados Unidos

El Devil's Postpile en California, Estados Unidos, tiene columnas de basalto de 18 m de altura. Tienen el aspecto de una pila de postes, de ahí su nombre: la pila de postes del diablo.

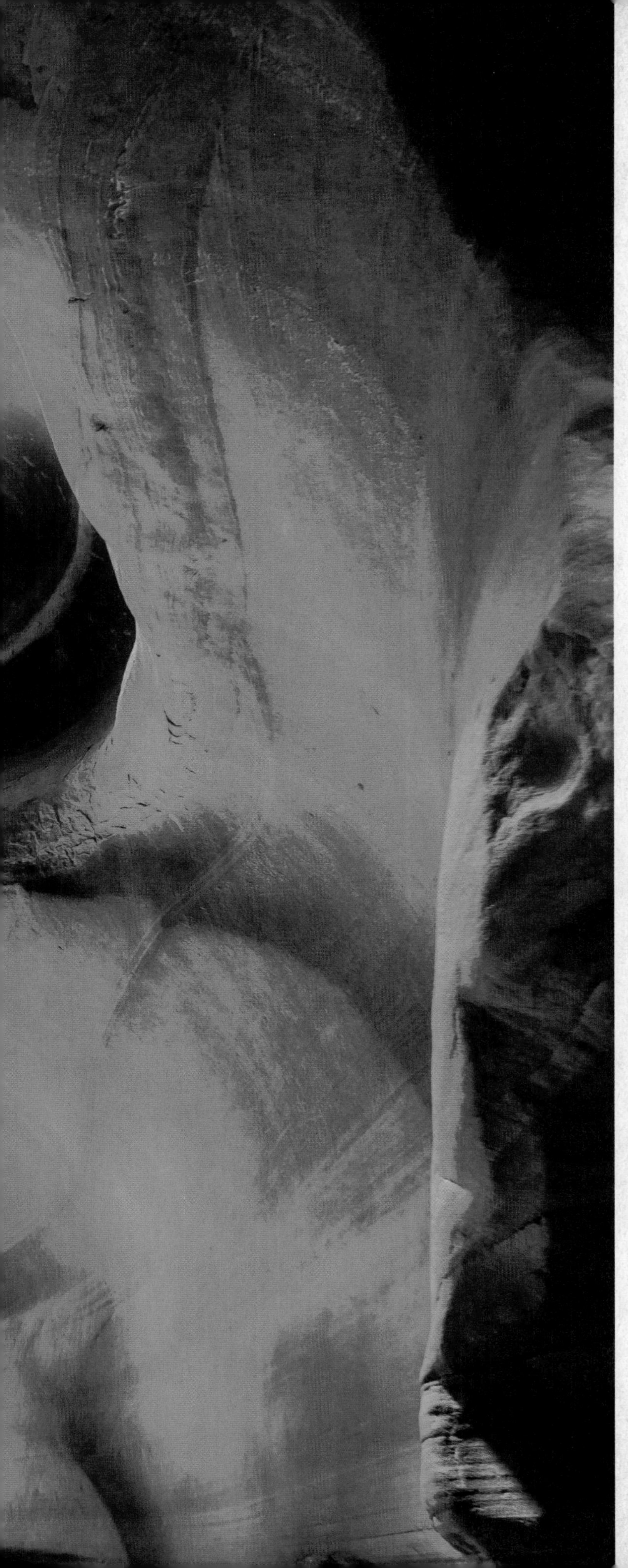

CAÑÓN DEL ANTÍLOPE

La luz solar brilla a través de una grieta en el suelo e ilumina un mundo de arenisca naranja y rosa. El Cañón del Antílope, en las áridas llanuras de matorrales del norte de Arizona, Estados Unidos, debe su nombre a los antílopes que pastaban en esta zona.

The Heart (el Corazón) en el interior del Cañón del Antílope superior.

ARENISCA ESCULPIDA

El Cañón del Antílope es un cañón de ranura, largo, estrecho y con paredes de roca muy empinadas. La lluvia y las riadas erosionaron la blanda arenisca. A lo largo de millones de años el agua ha esculpido pasos estrechos con paredes sin ángulos y que parecen olas.

Los diferentes minerales de la roca causan los distintos colores de la arenisca.

Esta vista ilustra por qué los cañones de ranura se llaman así. En algunos lugares, el Cañón del Antílope es tan estrecho que no caben dos personas de lado.

En momentos concretos se puede ver un espectacular efecto de foco de luz en The Crack (la Grieta), en el Cañón del Antílope superior.

The Crack y The Corkscrew

El Cañón del Antílope se divide en dos partes: el Cañón del Antílope superior, conocido como The Crack (la Grieta) y el Cañón del Antílope inferior, conocido como The Corkscrew (el Sacacorchos). Los visitantes suelen empezar por el Cañón del Antílope superior. El Cañón del Antílope inferior es más largo y profundo, y más difícil de explorar. Para visitarlo, tendrás que usar varios tramos de escaleras y no tener miedo de pasar por espacios estrechos.

Lugar sagrado para los navajos

El Cañón del Antílope está en el Parque Tribal Navajo del lago Powell, en tierras propiedad del pueblo navajo. Los navajos son un pueblo indígena que vive en la región suroeste de Estados Unidos. Muchos navajos viven en una gran reserva, la Nación Navajo, que cuenta con su gobierno independiente.

El Cañón del Antílope es un lugar sagrado para los navajos, donde se sienten en armonía con la naturaleza. El cañón es tratado con sumo respeto.

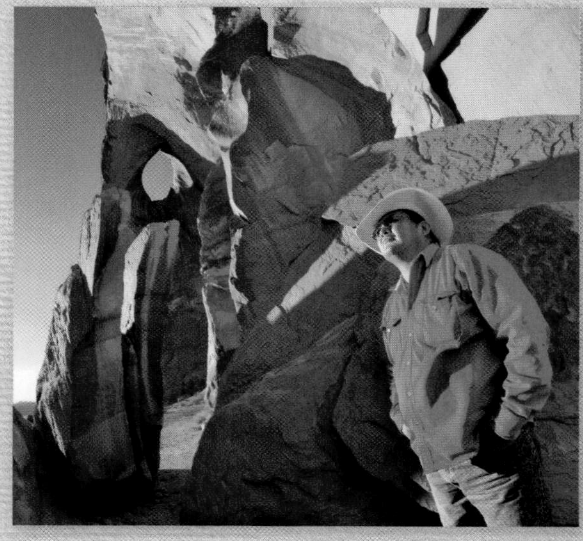

El Cañón del Antílope solo se puede visitar en rutas organizadas y con un guía navajo. Este guía hace una visita en el cercano valle de los Monumentos.

Inundaciones relámpago

El desierto es un secarral casi todo el año, pero puede haber inundaciones relámpago tras episodios de lluvia intensa. El agua baja a toda velocidad por el cañón y puede ser letal. En 1997 murieron 11 visitantes. Desde entonces se han instalado nuevas medidas de seguridad, como escaleras permanentes (que el agua no pueda arrastrar), redes de seguridad y alarmas.

Escalera en el Cañón del Antílope inferior (conocido como The Corkscrew, el Sacacorchos)

¡ATENCIÓN!
Inundaciones relámpago

GÉISER FLY

En el desierto de la Roca Negra de Nevada, Estados Unidos, hay un géiser realmente atractivo. Un géiser es una fuente de la que brotan chorros de agua caliente. El géiser Fly está en los Valles de Hualapai, zona de gran actividad geotérmica. Sus colores se deben a la rara combinación de minerales y plantas microscópicas que viven en el calor extremo.

El géiser Fly tiene una altura aproximada de 3,7 m. El vapor que emana y sus chorros de agua se ven desde kilómetros de distancia.

GÉISER EXPLOSIVO

Las fuentes se forman cuando el agua subterránea, caliente o fría, sale a la superficie por las grietas del suelo, y a menudo crean charcas de agua. Un géiser es un tipo de fuente termal que lanza chorros de agua, ya sea cada pocos minutos o cada pocos días. Se forman de manera natural, pero el géiser Fly se formó al perforar un pozo. Su cono se formó con el tiempo.

El agua a veces brota a una temperatura de más de 93 °C, ¡casi igual de caliente que el agua de una tetera!

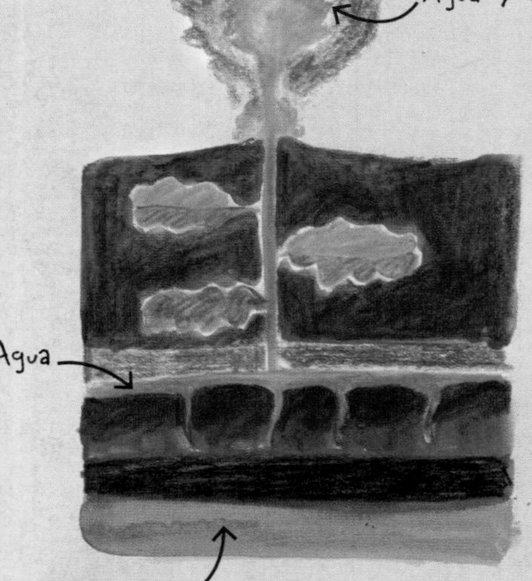

Cómo se forman los géiseres

El magma calienta el agua subterránea y la convierte en vapor, que sube disparado hacia la superficie, junto con el agua que tenga por encima. Tras la erupción, el suelo vuelve a filtrar el agua.

Colores increíbles

Los minerales del agua, como el carbonato cálcico, se han solidificado y han formado conos y terrazas. El agua caliente y rica en minerales es el hogar de diminutas plantas, las algas verdes y rojas, que dan al géiser sus hipnóticos colores.

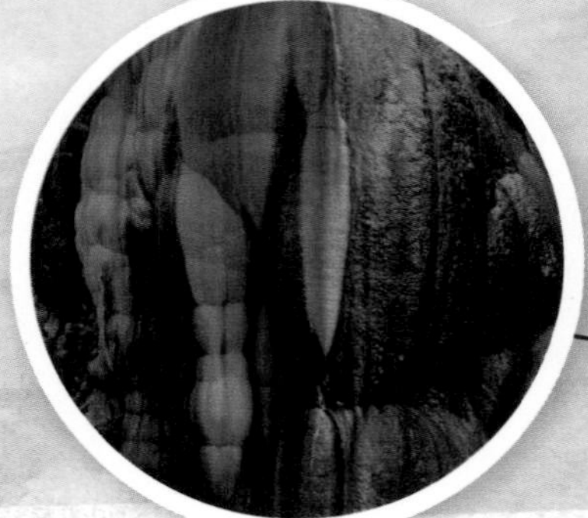

Conos del géiser Fly

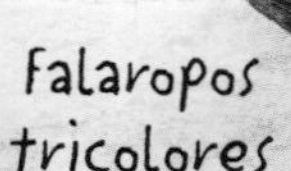

Falaropos tricolores

De pozo a géiser espectacular

El 1964 el géiser Fly se creó por accidente cuando una empresa de energía geotérmica perforó un pozo. Encontraron agua caliente, pero no la suficiente para generar energía, así que sellaron el pozo, pero ¡no sirvió para detener el nuevo géiser! Algunos chorros de agua caliente llegan a una altura de 1,5 m.

Ver pp. 121-123 para saber más sobre géiseres.

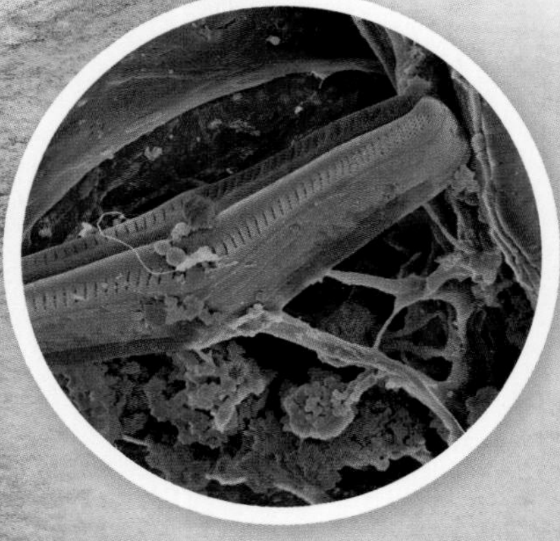

Las algas se consideran termófilas, es decir, que les encantan los lugares calientes y húmedos, donde otros seres vivos no pueden ni sobrevivir, y proliferan en ellos. Aquí se ven en el microscopio.

El desierto de la Roca Negra, en Nevada, rodeado de montañas, fue un lago en tiempos prehistóricos; actualmente es el lecho de un gigantesco lago seco.

Desierto de la Roca Negra

El géiser Fly está cerca del desierto de la Roca Negra, uno de los lugares más planos de la Tierra. Está muy seco casi todo el año, pero en primavera, si llueve lo suficiente, se inunda con unos pocos centímetros de agua. Los camarones duende ponen millones de huevos en el barro, que eclosionan y crecen antes de que se seque. Son el alimento de bandadas de aves acuáticas migratorias, como los falaropos tricolores y las avocetas americanas.

Avoceta americana

GRAN FUENTE PRISMÁTICA

La mayor fuente termal del Parque Nacional Yellowstone, Estados Unidos, es la Gran Fuente Prismática, famosa por su vapor casi constante, sus aguas próximas a los 100 °C y su espectáculo increíble de colores del arcoíris. Los diferentes tipos de bacterias termófilas que viven en las orillas del manantial crean estos colores.

Como el agua está casi siempre cerca del punto de ebullición, la Gran Fuente Prismática emana una nube espesa de vapor de agua.

CALIENTE, CALIENTE

Las fuentes termales se forman cuando el magma calienta el agua bajo tierra, que sube a la superficie. En la Gran Fuente Prismática, el agua del centro de la charca está tan caliente que es casi imposible que nada sobreviva ahí. Lejos del centro el agua se enfría y crea anillos de temperaturas diferentes en las orillas, donde pueden vivir bacterias y algas.

Cómo se forman las fuentes termales

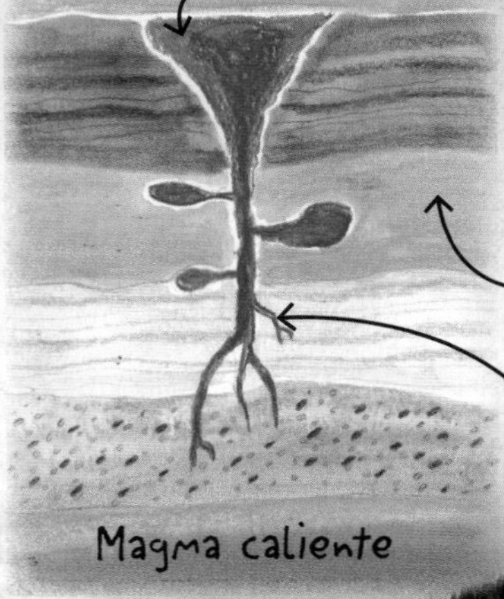

Charca caliente

El agua caliente sube por las grietas del suelo, forma una fuente termal y crea una charca en la superficie.

Capas de roca

Agua caliente

Magma caliente

El agua de la Gran Fuente Prismática asciende desde una profundidad máxima de 37,5 m; en el centro alcanza una temperatura de 87 °C

Aquí se ve al microscopio una colonia de cianobacterias (antes consideradas algas y conocidas como algas verdeazuladas).

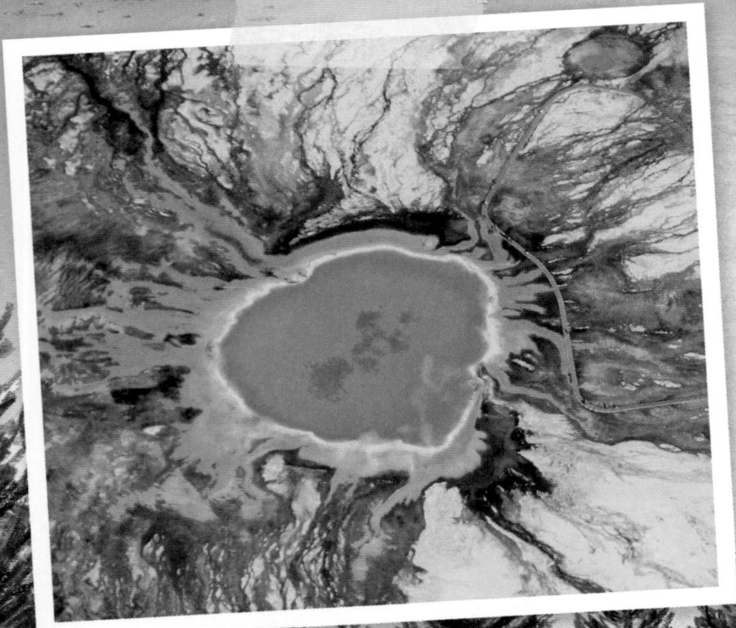

Colores del arcoíris

En los anillos de agua más fríos y alejados del centro de la charca viven distintos tipos de bacterias, cuyos pigmentos las ayudan a producir alimento y protegerse de la luz del sol. Cada tipo de bacteria o alga contiene pigmentos que reflejan solo determinadas longitudes de onda de la luz, lo que da a la fuente sus orillas multicolor. El agua del centro es azul porque refleja la longitud de onda azul de la luz.

El nombre de la fuente se debe a sus colores prismáticos (colores vivos del arcoíris).

Bisonte

Lago Boiling

En lo alto de la isla caribeña de Dominica, el lago Boiling hace honor a su nombre en inglés: hierve. Un volcán calienta el agua gris azul de esta fuente termal, que burbujea de manera constante, como si fuera agua hirviendo en una olla gigante.

El lago Boiling suele estar rodeado por una espesa nube de vapor y gases tóxicos, y es peligroso acercarse.

Tras la erupción del Tarawera en 1886, se formaron cráteres y se llenaron de agua. En la erupción de 1917, el lago Frying Pan llegó a su tamaño actual.

Lago Frying Pan

El lago Frying Pan (sartén) de Nueva Zelanda, con un tamaño superior a cuatro campos de fútbol, es la fuente termal más grande del mundo. Está situado en el cráter de un volcán, el monte Tarawera.

Ver pp. 153-155 y pp. 161-163 para saber más sobre fuentes termales.

El parque contiene diferentes hábitats: bosques, praderas, montañas, ríos y lagos. Tiene veranos suaves y secos e inviernos fríos y nevosos.

Además de sus fuentes termales y géiseres, el Parque Nacional Yellowstone es famoso por su vida salvaje.

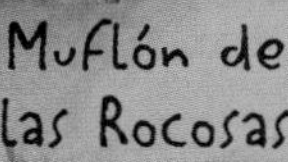

Muflón de las Rocosas

Alce americano

Ardilla rayada

LAGO NATRON

El lago Natron, uno de los lugares más inhóspitos de la Tierra, está en el Valle del Rift de África oriental, en Tanzania. Su agua es caliente y extremadamente salada y a menudo de un color rojo vivo por las minúsculas bacterias que se alimentan de su sal. Nadar en el lago está prohibido, pues el agua está llena de agentes químicos que te quemarían la piel.

A pesar del entorno hostil, miles de flamencos enanos se acercan al lago para aparearse.

CALIENTE Y PELIGROSO

El río Ewaso Ng'iro provee de agua al lago Natron, y las fuentes termales ricas en minerales le aportan potentes agentes químicos. Es un lago grande, de unos 60 km de largo, aunque su profundidad no alcanza los 3 m. La temperatura del agua supera a menudo los 40 °C, la temperatura de un baño caliente. El lago no tiene salida a un río o al mar, sino que su agua caliente se evapora, dejando en la superficie sales y otros minerales.

Cómo se evapora el agua del lago y queda salada

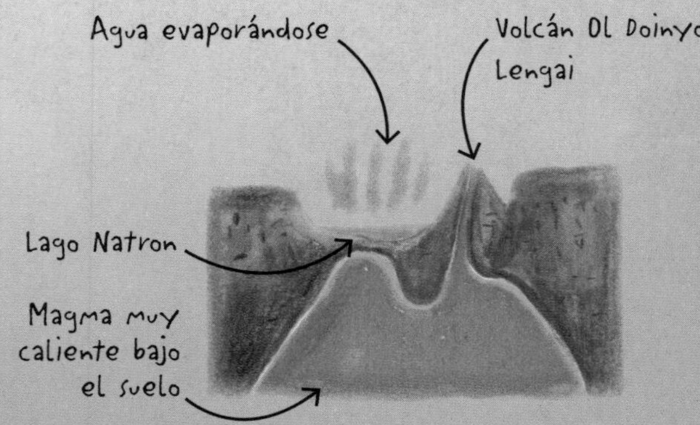

El lago Natron es muy salado, ya que las altas temperaturas del magma bajo el suelo calientan tanto el agua que esta se evapora dejando sales y otros minerales en la superficie. El árido y cálido clima del área potencia la evaporación.

Flamencos enanos

Las sales del lago Natron son alcalinas. Los álcalis muy fuertes, como los que encontramos en este lago, pueden quemar la piel.

Hogar de flamencos

Para la mayoría de las plantas y los animales, el lago Natron es un lugar demasiado hostil. No obstante, cada pocos años, millones de flamencos enanos se acercan hasta él para aparearse. La dura piel de sus patas les protege del agua tóxica. Se alimentan de algas del lago y anidan en pequeñas islas de sal, a salvo de la mayoría de los predadores.

El Ol Doinyo Lengai entra en erupción de manera periódica y emana una lava negra que se vuelve blanca al solidificarse.

Zona de volcanes

El Valle del Rift de África oriental queda en una región donde coinciden diversas placas de la corteza terrestre. Está rodeado de montañas y volcanes. Algunos de estos todavía están activos, como el Ol Doinyo Lengai, un enorme volcán de 2962 m de altura con vistas al lago Natron. Al entrar en erupción, la lava brota de pequeños conos en las laderas del volcán y de su cráter principal.

El agua del lago puede ser de color rosa intenso o rojo. Las bacterias microscópicas que proliferan en sus aguas saladas son las responsables del color.

Cuando el agua se evapora, el suelo salado se seca y se agrieta.

La sal y otros minerales del agua del lago han conservado el cuerpo de este murciélago.

De piedra

En las orillas del lago hay cuerpos de animales, como aves y murciélagos, que parece que se hayan convertido en piedra. El agua salada ha conservado a estos animales tras caer en el lago. Los antiguos egipcios usaban una de las sales del lago para preparar sus famosas momias; concretamente, la sal se conoce como natrón. De ahí le viene el nombre al lago.

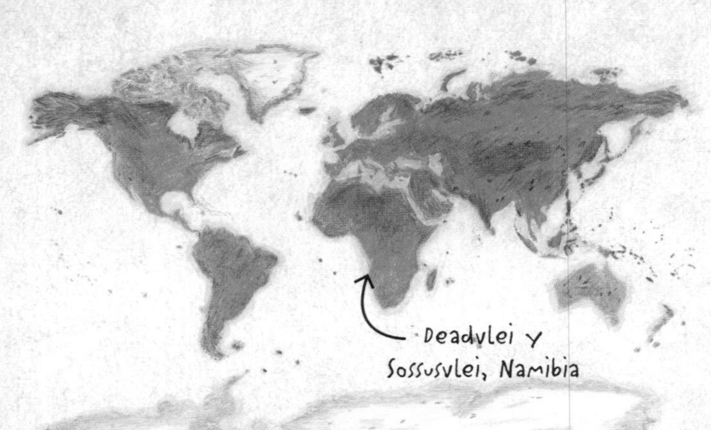

DEADVLEI Y SOSSUSVLEI

Rodeados por dunas de arena roja, los lechos de los lagos secos de Deadvlei y Sossusvlei son dos paisajes espectaculares del desierto del Namib que antiguamente habían sido ciénagas. Los troncos secos de árboles de hace 1000 años continúan atrapados en la arcilla de Deadvlei.

El color rojo oscuro de las dunas es óxido del hierro de la arena.

DEADVLEI

Hace miles de años, el cauce del río Tsauchab cruzaba el Deadvlei, pero el clima se hizo más seco, y las dunas de arena impidieron el paso del río. Sin agua alguna, el área se convirtió en un gigantesco secarral y los árboles de su interior murieron; eso sí, era tan seco que jamás se llegaron a pudrir. Y por ello continúan ahí, de pie, carbonizados bajo el azote del Sol.

Los árboles muertos son acacias (espina de camello). Se calcula que murieron hace más de 1000 años.

El suelo seco y llano de arcilla y sal se agrieta de diferentes formas.

SOSSUSVLEI

Durante la estación seca, la sal y el suelo de arcilla de Sossusvlei se compacta y no queda nada en su superficie. Tras la lluvia, el río Tsauchab penetra en su interior, pero el suelo absorbe el agua rápidamente. Más o menos cada 10 años el río lo inunda todo tras una lluvia intensa. El suelo se llena de agua y forma un impactante, aunque pasajero, lago azul turquesa.

El desierto del Namib se extiende por la costa oriental del sur de África. La mayor parte está dentro de Namibia.

Welwitschia mirabilis

Acacia (espina de camello) muerta

Dunas espectaculares

Las dunas se forman cuando sopla el viento en el desierto y acumula la arena en forma de crestas. La forma y la altura de las dunas dependen de la velocidad y la dirección del viento. Las dunas del desierto del Namib pueden llegar a medir más de 350 m, lo que las convierte en unas de las más altas del mundo.

Cara de barlovento (cara por la que sopla el viento y sube la arena)

Cresta

Cara de sotavento (cara por la que el viento hace caer la arena)

Primero, la arena empieza a amontonarse alrededor de una obstrucción, como un fragmento de rama.

La duna más alta de Deadvlei recibe el nombre de Big Daddy (Gran Padre). Se tarda unas dos horas en subir toda su altura de 325 m hasta la cima.

Animales del desierto del Namib

En el Namib llueve muy poco, pero es habitual que entre niebla del mar. Algunas plantas y animales fantásticos que sobreviven aquí lo hacen captando la humedad de la niebla.

Este escarabajo bebe de la niebla: su cuerpo captura gotitas de agua que le bajan hasta la boca.

Las anchas hojas de la planta de *Welwitschia mirabilis* recogen agua de la niebla por condensación. Las hojas se marchitan y así la planta riega sus propias raíces.

El órice del Cabo obtiene la humedad de las plantas que come. Sobrevive al calor del desierto respirando muy rápidamente por la nariz para enfriar la sangre.

Welwitschia mirabilis

CUEVAS DE LUCIÉRNAGAS DE WAITOMO

El pueblo de Waitomo está en la isla Norte de Nueva Zelanda. A primera vista, el pueblo es igual que cualquier otro, pero por debajo tiene una descomunal red de cuevas de piedra caliza con una característica alucinante que atrae a visitantes de todo el mundo.

Se comprueba de manera periódica la temperatura y los niveles de dióxido de carbono para gestionar y proteger este entorno mágico.

Las cuevas tienen unos espectaculares conjuntos de estalactitas y estalagmitas, formaciones rocosas creadas por los minerales que deposita gota a gota el agua de la lluvia.

BRILLO AZUL

¿Por qué las cuevas de Waitomo son tan especiales? Cuando te adentras en las cuevas, ves que las paredes y el techo destellan con diminutas luces azuladas. Es una visión alucinante que atrae a muchos visitantes. Durante la temporada alta, más de 2000 personas visitan las cuevas cada día.

¿Qué causa el brillo?

Miles de luciérnagas que nacen de los huevos puestos en las paredes de la caverna producen las minúsculas luces. Las luciérnagas son larvas (insectos jóvenes). Cuando se hacen adultos, se convierten en una especie de mosquito de los hongos exclusivo de Nueva Zelanda. En el abdomen de la luciérnaga, los agentes químicos reaccionan entre sí para emitir el brillo azul.

Las luciérnagas parecen gusanos, pero no lo son, sino que son larvas que se convertirán en mosquitos de los hongos.

Larvas

Al principio las larvas tienen una longitud de 3 a 5 mm, y crecen hasta los 30-40 mm.

Pupas

Al cabo de varios meses, las larvas tejen una crisálida de seda alrededor de su cuerpo.

Mosquito de los hongos

Las larvas cambian de forma dentro de la crisálida y tras unas 2 semanas salen como mosquitos adultos.

OTRAS CUEVAS INCREÍBLES PARA EXPLORAR

Cueva de Orda, Rusia

La cueva de Orda es una de las cuevas acuáticas más largas del mundo. Sus aguas cristalinas la convierten en un destino de ensueño para los submarinistas.

Las luciérnagas ponen su trampa tejiendo hebras de seda y recubriéndolas con pegajosas gotas de moco. Las hebras pueden llegar a medir hasta 50 cm.

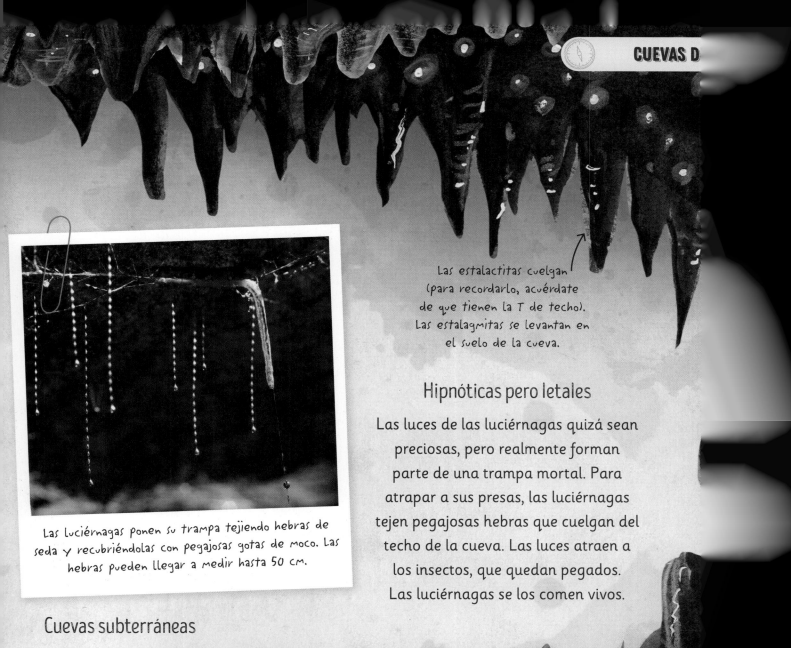

Las estalactitas cuelgan (para recordarlo, acuérdate de que tienen la T de techo). Las estalagmitas se levantan en el suelo de la cueva.

Hipnóticas pero letales

Las luces de las luciérnagas quizá sean preciosas, pero realmente forman parte de una trampa mortal. Para atrapar a sus presas, las luciérnagas tejen pegajosas hebras que cuelgan del techo de la cueva. Las luces atraen a los insectos, que quedan pegados. Las luciérnagas se los comen vivos.

Cuevas subterráneas

Además de las Cuevas de luciérnagas, en Waitomo hay cientos de otras cuevas repartidas por sus 45 km. Se formaron cuando la roca de piedra caliza (creada hace 30 millones de años cuando estaba bajo el mar) subió y se rompió por el movimiento de la corteza terrestre. Después, el agua erosionó la piedra caliza y formó las cuevas.

Gruta de Son Doong, Vietnam

Es una gruta tan grande que en su interior hay una selva tropical, con árboles de más de 30 m de altura. Es una de las cuevas naturales de mayor tamaño.

Cueva de hielo de Dobšinská, Eslovaquia

Esta cueva tiene paredes de hielo de hasta 26,5 m de grosor en su interior. El aire frío del exterior mantiene la temperatura a unos gélidos -3,8 °C, como mínimo.

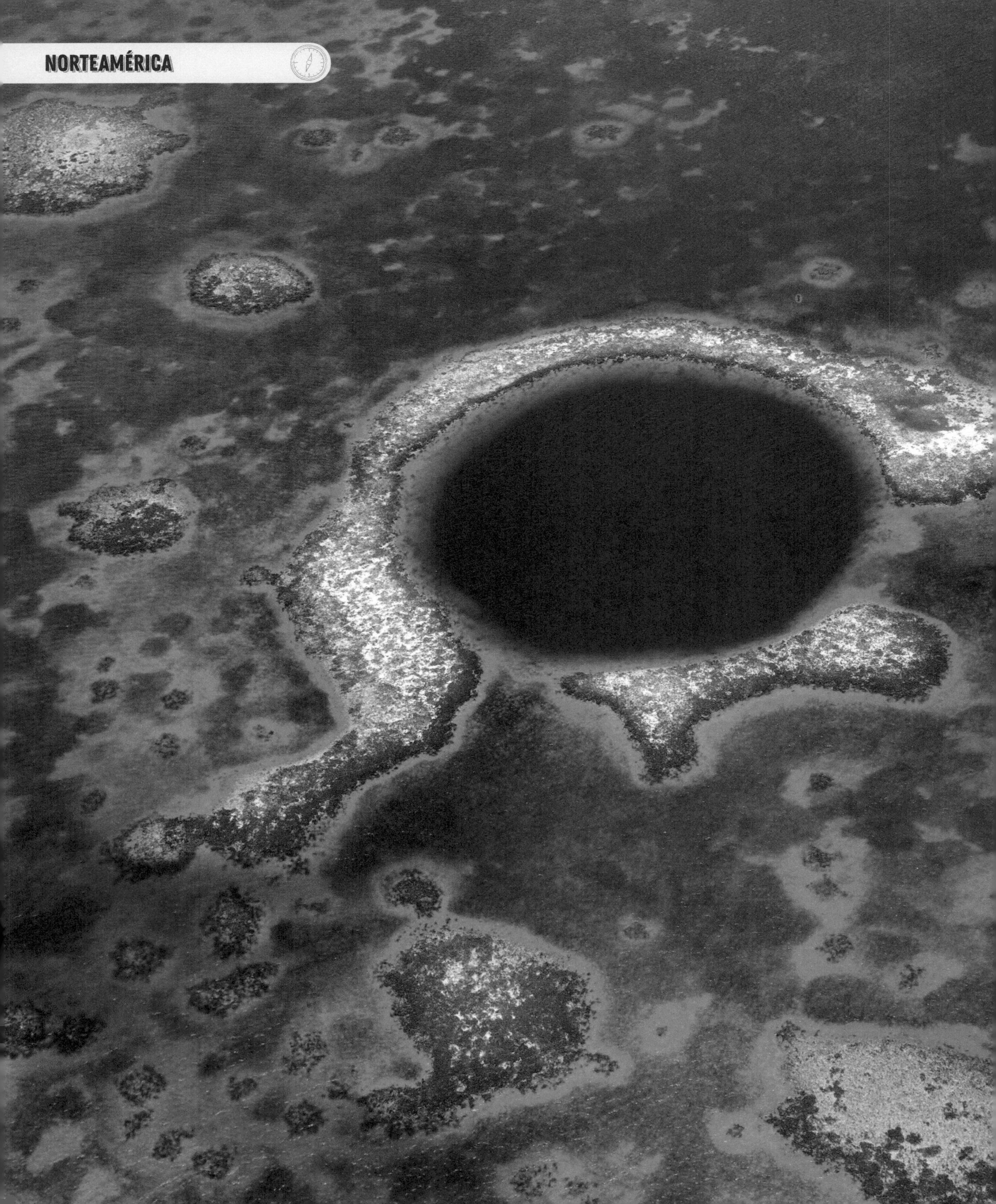

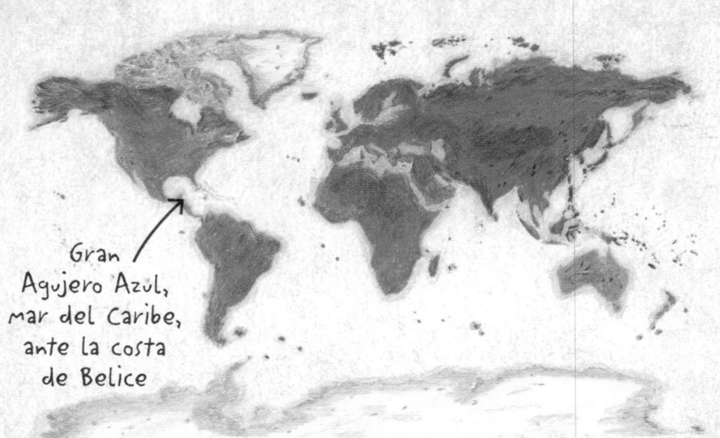

GRAN AGUJERO AZUL

En el centro de un arrecife de coral del mar hay un círculo oscuro y casi perfectamente redondo. Destaca tanto en el agua turquesa que parece que el mar tenga un agujero, y eso es exactamente lo que es.

Con unos 300 m de ancho y 125 m de profundidad, el Gran Agujero Azul es la dolina más grande del mundo.

DE CUEVA A DOLINA

Hace mucho tiempo, en la última glaciación, el nivel del mar era mucho más bajo que en la actualidad y el Gran Agujero Azul estaba en tierra firme: era una cueva subterránea, excavada en piedra caliza. Su techo acabó cediendo, probablemente porque, tras fundirse el hielo y subir el nivel del mar, la erosión provocó su caída. Finalmente, el mar llenó de agua el agujero.

Cómo se formó la dolina

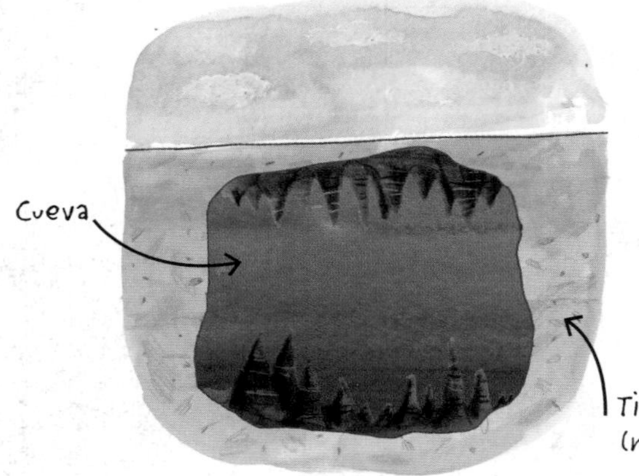

Hace unos 18 000 años, el Gran Agujero Azul era una cueva subterránea.

El nivel del mar subió y el techo de la cueva cedió. Se desconoce a ciencia cierta por qué, pero lo más probable es que fuera por las inclemencias y por la erosión del mar.

Mar
Las estalagmitas continúan en la base, que había sido el suelo de la cueva.

Con el paso del tiempo, el resto de la cueva se llenó de agua y se formó el Gran Agujero Azul en el mar.

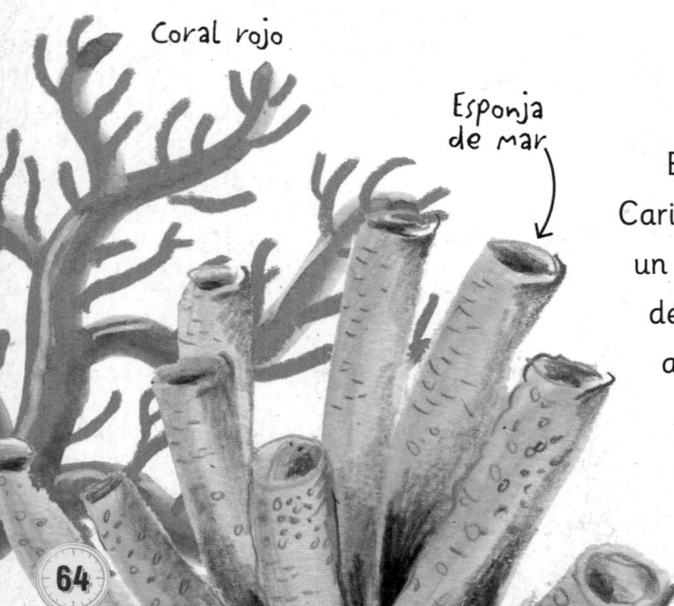

Vida en las profundidades

En el clima tropical del mar del Caribe, el Gran Agujero Azul ofrece un rico hábitat a la vida salvaje, desde peces loro y tiburones de arrecife hasta tortugas marinas, meros, peces mariposa y unas 150 especies de coral.

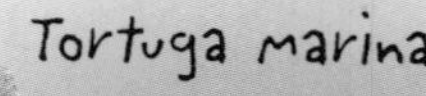

Inmersión profunda

La única manera de acercarse a las profundidades del Gran Agujero Azul es haciendo inmersión. Es uno de los principales destinos del mundo para practicar submarinismo. Eso sí, seguridad ante todo: solo es apto para submarinistas expertos capaces de acreditar un nivel avanzado.

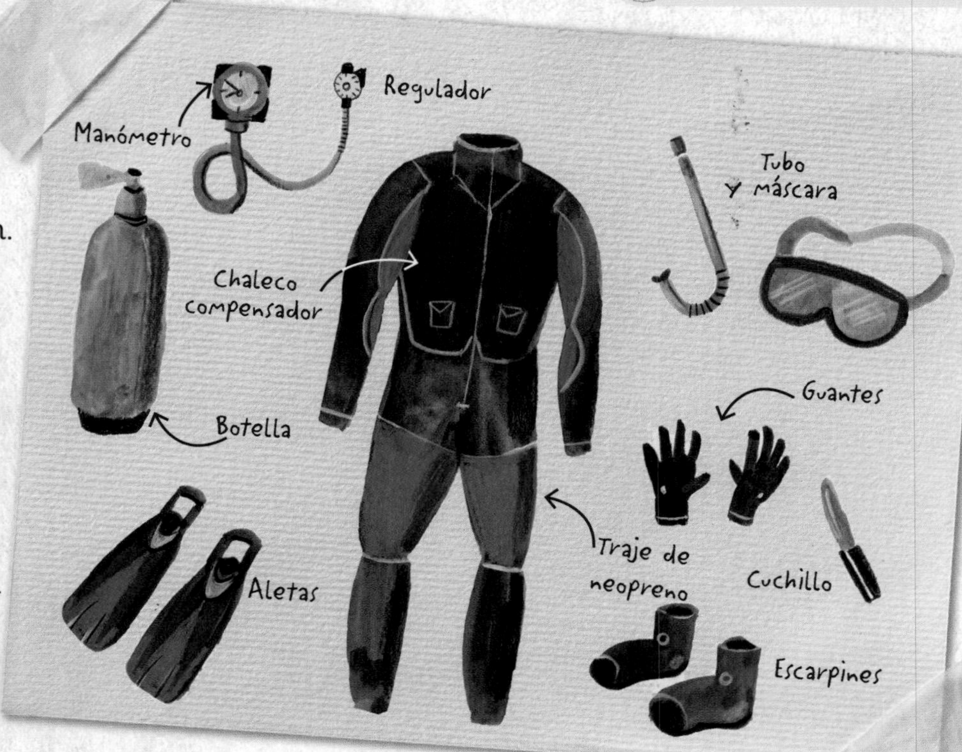

Los submarinistas necesitan un equipo especial para explorar el Gran Agujero Azul con seguridad.

El Gran Agujero Azul debe su fama al explorador oceánico Jacques Cousteau y el programa de televisión de 1972 que siguió su viaje por la dolina.

Pruebas en las rocas

Uno de los motivos por los que los científicos saben que el Gran Agujero Azul había estado por encima del nivel del mar es porque contiene estalactitas y estalagmitas, depósitos minerales que aparecen en cuevas de tierra firme y que es imposible que se formen bajo el agua. Para saber más cosas sobre estalactitas y estalagmitas, pp. 60-61.

Estalagmita

Tiburón de arrecife del Caribe
(no se considera peligroso)

VALLE DE LAS BALLENAS

En Egipto, en un valle del desierto del Sáhara se halla una extraordinaria colección de fósiles de ballenas prehistóricas que vivieron hace 37 millones de años. El yacimiento, conocido como Wadi Al-Hitan (Valle de las Ballenas), ha resuelto un misterio que se planteaban los paleontólogos: ¿vivieron las ballenas en tierra firme?

El enorme cráneo de una ballena prehistórica, el basilosaurio, hallado en Wadi Al-Hitan.

OASIS DE HUESOS

Aunque actualmente Wadi Al-Hitan es un desierto, antaño había sido un mar tropical poco profundo. La mayoría de los huesos de ballena descubiertos aquí pertenecen a dos especies: *Basilosaurus* y *Dorudon*. También se han hallado huesos de tortugas, cocodrilos, siluros y tiburones. Los esqueletos se encuentran en un estado de conservación excepcional; incluso tienen dientes rotos y restos de peces en el interior del estómago.

Ballenas andantes

En la década de 1980, el paleontólogo estadounidense Philip Gingerich hizo un gran descubrimiento en Wadi Al-Hitan mientras desenterraba un basilosaurio: dio con el primer hueso de rodilla de ballena conocido. Más tarde halló huesos de patas traseras, pies y caderas, y de dedos de los pies, lo que demostró que las ballenas caminaron por tierra firme.

Huesos de ballena

Algunos de los huesos de la columna vertebral son grandes como troncos.

En 2015 se descubrió el primer esqueleto completo de basilosaurio en Wadi Al-Hitan, de 18 m de longitud. Para protegerlo, está expuesto en un museo de nueva construcción en el mismo lugar.

Cómo se desarrollaron las ballenas a lo largo del tiempo

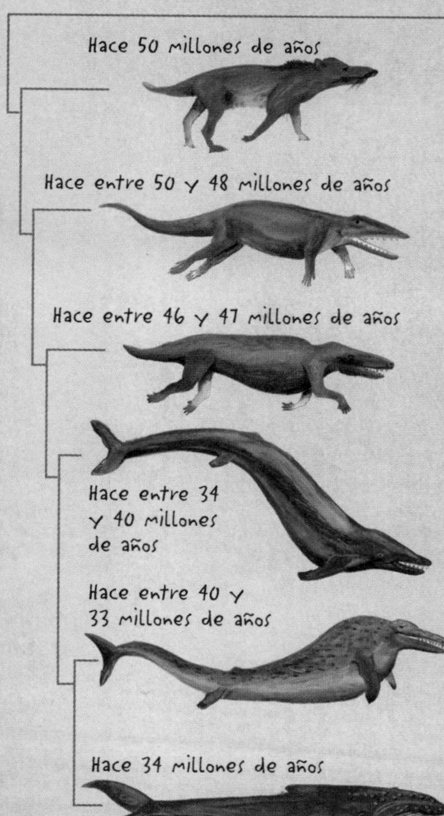

Paquiceto

El paquiceto, uno de los antepasados de la ballena más antiguos, vivía en tierra firme y caminaba a cuatro patas.

Ambuloceto

El ambuloceto, un predador ballénido, se sentía cómodo viviendo tanto en tierra como en el agua.

Rodoceto

Este ancestro de las ballenas tenía las patas cortas y quizá los pies palmeados para nadar.

Basilosaurio

El basilosaurio era una criatura marina gigante con el cuerpo largo y esbelto, parecido al de una anguila, y el hocico fino.

Dorudón

La forma del dorudón era parecida a la de una ballena moderna. Tenía los dientes en punta y afilados como cuchillos.

Yubarta

Con el tiempo aparecieron las ballenas modernas. Algunas, como la yubarta, desarrollaron una especie de cedazos en la boca (en lugar de dientes) para filtrar los alimentos del mar. Otras ballenas modernas, en cambio, aún conservan los dientes.

Al agua

Los paleontólogos creen que las primeras ballenas vivieron hace unos 55 millones de años en la costa y que, buscando comida, se aventuraban cada vez más mar adentro. Con el paso de millones de años, las extremidades anteriores se convirtieron en aletas y la punta de la cola se hizo más ancha para nadar. Más adelante, en lugar de dientes, algunas desarrollaron las ballenas, las barbas que tienen en la boca para filtrar la comida del océano.

Rasgos del desierto

Millones de años después de que las ballenas caminaran por estos lares, Wadi Al-Hitan se ha convertido en un sofocante desierto de arena, con muy poca agua en kilómetros a la redonda. Aun así, algunos animales, como por ejemplo los lobos dorados africanos, las gacelas dorcas y los fénecs se han adaptado a la vida en este hostil entorno.

Sus grandes orejas ayudan al fénec a mantenerse fresco irradiando el calor de su cuerpo hacia el exterior.

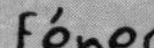

Fénec

Gacela dorcas

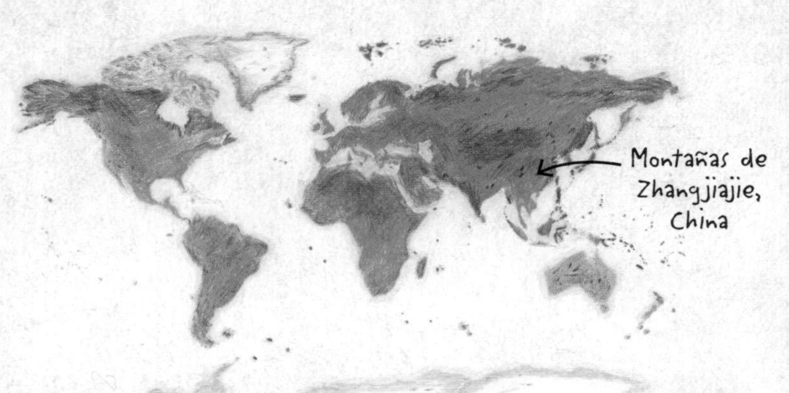

MONTAÑAS DE ZHANGJIAJIE

Las montañas de Zhangjiajie, en el noroeste de China, están compuestas por 3000 gigantescas columnas de roca en el suelo boscoso. Sus paredes casi verticales están moteadas con árboles y arbustos; a menudo la niebla cubre sus cimas. Este paisaje ha servido de inspiración para películas de ciencia ficción.

Las montañas cobran un aspecto mágico en invierno bajo una inusual capa de nieve.

COLUMNAS EMPINADAS

A una altura de 1262 m, los picos más altos sobresalen por encima del resto. Los árboles y arbustos de hoja perenne se aferran a sus laterales y cimas. El clima es monzónico subtropical: casi siempre cálido y húmedo, con precipitaciones a lo largo del año y temperaturas máximas de unos 35 °C y mínimas de 0 °C. Las columnas y el bosque forman parte del Parque Forestal Nacional de Zhangjiajie.

Cerca de las montañas de Zhangjiajie se encuentra la Puerta del Cielo, un arco cavernoso de 130 m en la roca.

Cómo se formaron las montañas de Zhangjiajie

Océano

La roca de arenisca de cuarzo se formó bajo el agua.

Hace unos 300 millones de años, esta región era un océano.

El suelo subió por encima del nivel del mar.

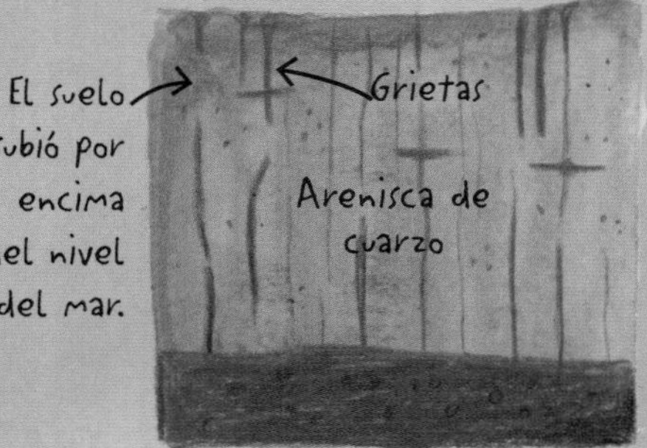

El suelo subió por el movimiento de la corteza terrestre y aparecieron grietas en la roca.

Río

Montañas con aspecto de columna

Agua

Las montañas están cubiertas por antigua arenisca de cuarzo, con un grosor de hasta 500 m.

Los ríos, el hielo y las inclemencias ensancharon y erosionaron las grietas de las rocas hasta formar columnas.

Montañas esculpidas

Las columnas son de arenisca de cuarzo. Hace mucho tiempo, esta región era parte del océano y la arenisca de cuarzo se formó bajo el agua. El movimiento de la corteza terrestre hizo que subiera el suelo y aparecieran grietas en la roca. Con el paso de millones de años, los ríos, el hielo y las inclemencias ensancharon estas grietas y erosionaron las rocas hasta esculpir las montañas con aspecto de columna.

Vida salvaje del parque

Aparte de sus famosas columnas, el Parque Forestal Nacional de Zhangjiajie cuenta con bosques espesos, valles profundos, ríos, lagos y cuevas, que son los hábitats de gran variedad de plantas y animales, incluido el castaño chino y la salamandra gigante china (en peligro crítico de extinción y protegida por la ley).

La salamandra gigante china es el anfibio más grande del mundo; puede llegar a medir 1,8 m de largo.

MÁS COSAS QUE VER EN LAS MONTAÑAS DE ZHANGJIAJIE

Carretera de montaña

La revirada carretera para ascender por las empinadas montañas cuenta con 99 horquillas siempre al lado del tremendo abismo.

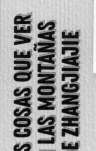

Teleférico

El teleférico tarda una media hora en llegar a la cumbre. Se dice que es el teleférico más largo del mundo.

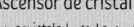

Ascensor de cristal

Este ascensor acristalado se ha construido en la ladera de uno de los picos y sube 326 m hasta la cima.

LAGO HILLIER

En la isla Middle, ante la costa sur de Australia Occidental, hay un curioso lago. Su agua es de un vivo color rosa chicle y contrasta con el azul turquesa del cercano océano. Bañarse en su agua es totalmente seguro, pero es complicado llegar al lago si te apetece darte un chapuzón.

Un espeso bosque rodea el lago Hillier, donde crecen muchos eucaliptos y niaoulis.

CUSTODIOS

El pueblo wudjari ha sido el custodio (propietario) tradicional de esta tierra. Hace siglos que conocen el lago. Cerca están otros lugares que son patrimonio de los wudjari, como abrigos rupestres y lugares para celebrar ceremonias. El pueblo wudjari no puso el nombre al lago, sino que fue un explorador británico quien fue allí en 1802 y bautizó el lago con el apellido de un miembro de la tripulación de su nave.

Por toda Australia existen lugares que son patrimonio de los aborígenes australianos. Esta imagen muestra un abrigo rupestre ngurrara de la región de Kimberley, al norte de Australia Occidental. Representa una escena de pesca.

Todo rosa

El lago Hillier es un lago salado de 600 m de longitud. Se cree que la mezcla de microalgas y otros organismos unicelulares que proliferan en el agua salada es la causa de su color rosa. Todos los lagos salados de la Tierra contienen organismos a los que les encanta la sal.

La sal se seca y forma cristales en la orilla del lago. El agua conserva siempre su color rosa, aunque se saque del lago.

MÁS LAGOS ROSA QUE EXPLORAR

Lago Retba, Senegal

En el cálido clima semiárido de Senegal, el lago Retba (o Lago Rosa) llega a su máximo esplendor entre noviembre y junio, en la estación seca. Visítalo hacia mediodía y disfruta de un chapuzón.

Vida en el lago

Las algas son los únicos seres vivos capaces de sobrevivir en el interior mismo lago. Aun así, el lago forma parte de una reserva natural mucho más grande que incluye más de 100 islas y arrecifes de coral ante la costa sur de Australia occidental. Las islas son importantes puntos de apareamiento para las aves marinas, como pardelas y pingüinos, y los mamíferos, como lobos marinos y leones marinos.

Lago Dusty Rose, Canadá

Está en lo alto de una montaña y los minerales del agua fundida del glaciar que llena este lago le dan su color rosa pastel. Es seguro bañarse en el lago.

Lago Sasyk-Sivash, Rusia

Este lago rosa enamora a primera vista, pero huele a rayos. Es seguro bañarse. Se extraen toneladas de sal rosa que se vende en todo el mundo.

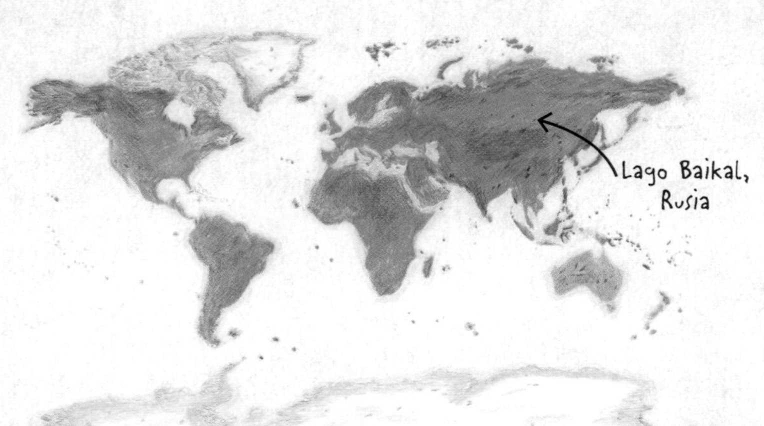

LAGO BAIKAL

En la remota Siberia, Rusia, está el lago de agua dulce más antiguo, profundo y voluminoso del mundo entero. En invierno se congelan burbujas de metano en sus transparentes aguas. En verano puedes chapotear en el lago, ¡aunque sus aguas continúan estando frescas! El clima frío temperado de la región ayuda a crear el entorno perfecto para una vida salvaje totalmente única, como un ciervo con colmillos o una foca de agua dulce.

El lago es el hogar de la foca del Baikal, conocida como nerpa por la población local. Es una de las pocas especies de foca que viven en agua dulce.

DATOS DEL BAIKAL

El lago Baikal, con sus 31 500 km^2, es más grande que Bélgica. Por volumen, es el mayor lago de agua dulce del mundo; contiene alrededor de una quinta parte de toda el agua dulce de la Tierra. Es también el más profundo del planeta, con 1620 m.

¡El lago Baikal es tan profundo que podría haber cinco torres Eiffel, una sobre la otra!

Historia del lago

El lago Baikal es un lago largo, curvo, en forma de media luna y rodeado de montañas que se formó hace entre 20 y 25 millones de años en una antigua fosa tectónica donde dos placas de la corteza terrestre se están separando lentamente. La grieta o rift todavía se está ensanchando unos 2 cm al año; este movimiento desata terremotos cada pocos años. Para saber más sobre los rifts, p. 12.

En febrero y marzo, la capa de hielo sobre el lago es tan gruesa que se puede pasar en coche por encima. Puede llegar a un grosor de 2 m.

Las burbujas de metano se forman en el lago cuando las bacterias liberan este gas al descomponer hojas y criaturas. Estas burbujas suben a la superficie, y en invierno se congelan.

Los buriatos decoran las ramas de los árboles y los postes con cintas de colores vivos que representan plegarias.

Pueblo del Baikal

Los buriatos viven al sur y el este del lago Baikal y en la isla de Oljón (ver abajo). El lago es un lugar sagrado para ellos. Creen que es donde viven sus dioses y espíritus. Su vestimenta tradicional suele tener colores vivos, cada uno con su significado especial: el negro, Tierra; el azul, cielo (mundos superiores); y el rojo, mundos inferiores.

La indumentaria tradicional de los buriatos se conoce como deel, y puede ser de lana, algodón o seda. En invierno, los buriatos se protegen del frío con diferentes capas de ropa.

Rocas de los Tres Hermanos

Islas en el lago

El lago Baikal contiene unas 27 islas, incluida la isla de Oljón, la más grande del lago Baikal y la tercera isla más grande del mundo dentro de un lago. Oljón tiene un paisaje espectacular compuesto por montañas empinadas, bosques espesos, lagos y franjas de semidesierto. Las Rocas de los Tres Hermanos es un monumento natural de la isla de Oljón. Cuenta la leyenda que estas rocas habían sido tres hermanos, pero que su padre los convirtió en piedra.

Vida salvaje en el Baikal

En el lago Baikal viven más de 2500 especies de animales y 1000 especies de plantas; el 80 % de estos seres no se encuentran en ningún otro lugar del mundo. Los más famosos son la nerpa (foca del Baikal), la golomyanka (coméforos) y el omul (una especie de salmón), pero más de la mitad de los peces del lago son endémicos, junto con moluscos, crustáceos, platelmintos, caracoles y esponjas. Muchos otros animales viven en las montañas y bosques alrededor del lago.

El omul es una especie de salmón que se pesca en grandes cantidades, pero la sobrepesca ha puesto a la especie en peligro de extinción.

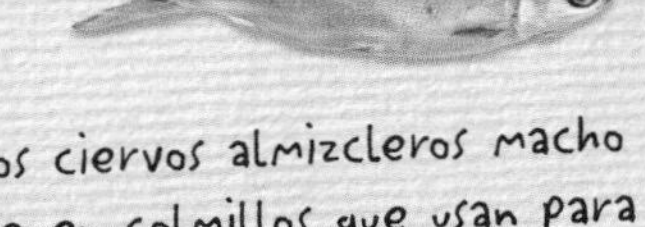

Los corzos siberianos son unos animales pequeños y graciosos que viven en los bosques alrededor del lago. En invierno forman rebaños y migran valle arriba.

Los osos pardos europeos tienen el pelo espeso para sobrevivir en los fríos bosques de montaña. Se alimentan de bayas, hierbas e insectos.

Los ciervos almizcleros macho tienen colmillos que usan para luchar entre ellos y conseguir hembras y territorio.

Los lobos comunes viven en grandes manadas que cooperan entre sí para cazar venados, renos y jabalíes.

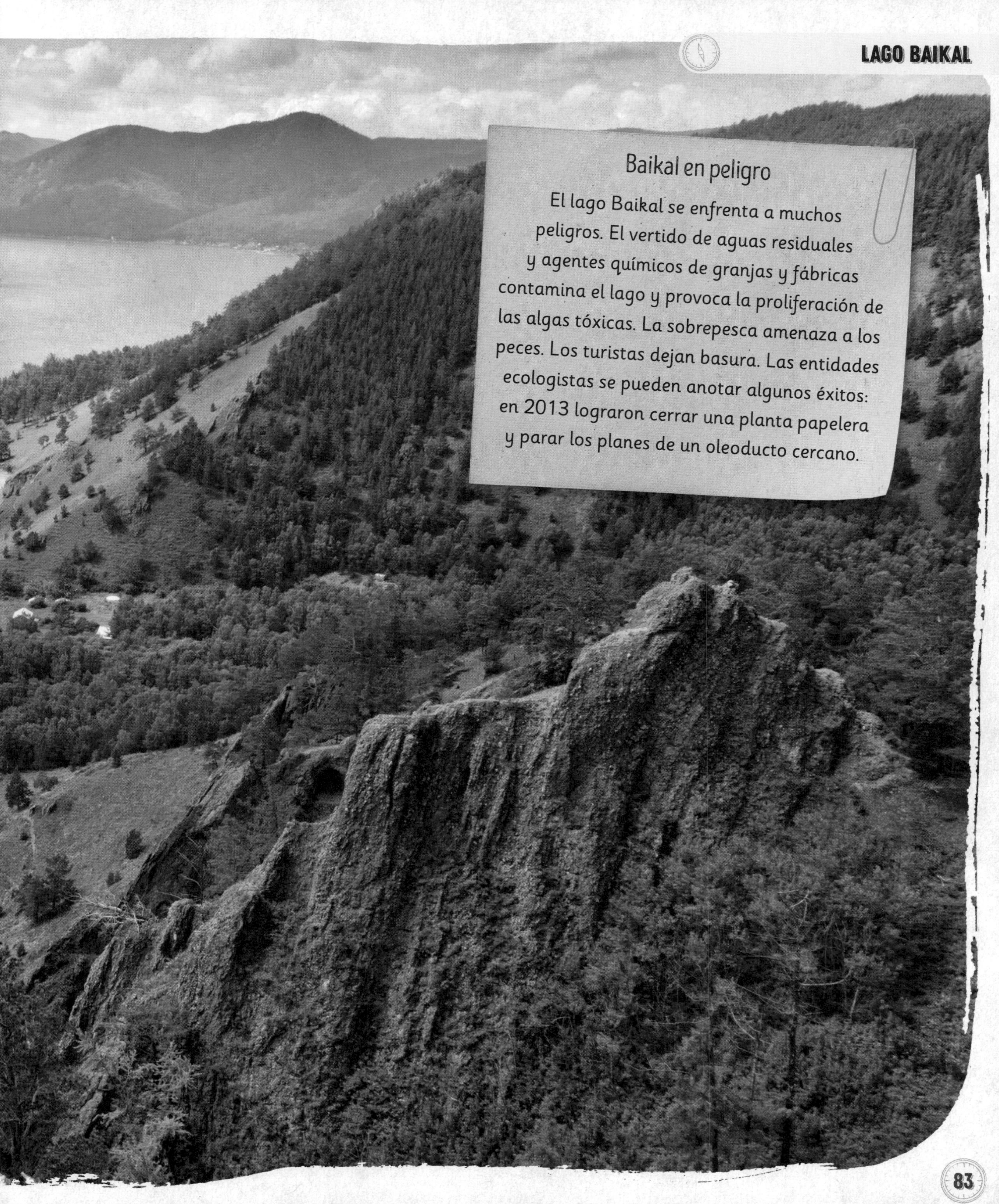

Baikal en peligro

El lago Baikal se enfrenta a muchos peligros. El vertido de aguas residuales y agentes químicos de granjas y fábricas contamina el lago y provoca la proliferación de las algas tóxicas. La sobrepesca amenaza a los peces. Los turistas dejan basura. Las entidades ecologistas se pueden anotar algunos éxitos: en 2013 lograron cerrar una planta papelera y parar los planes de un oleoducto cercano.

Dunas
cantoras,
Estados Unidos

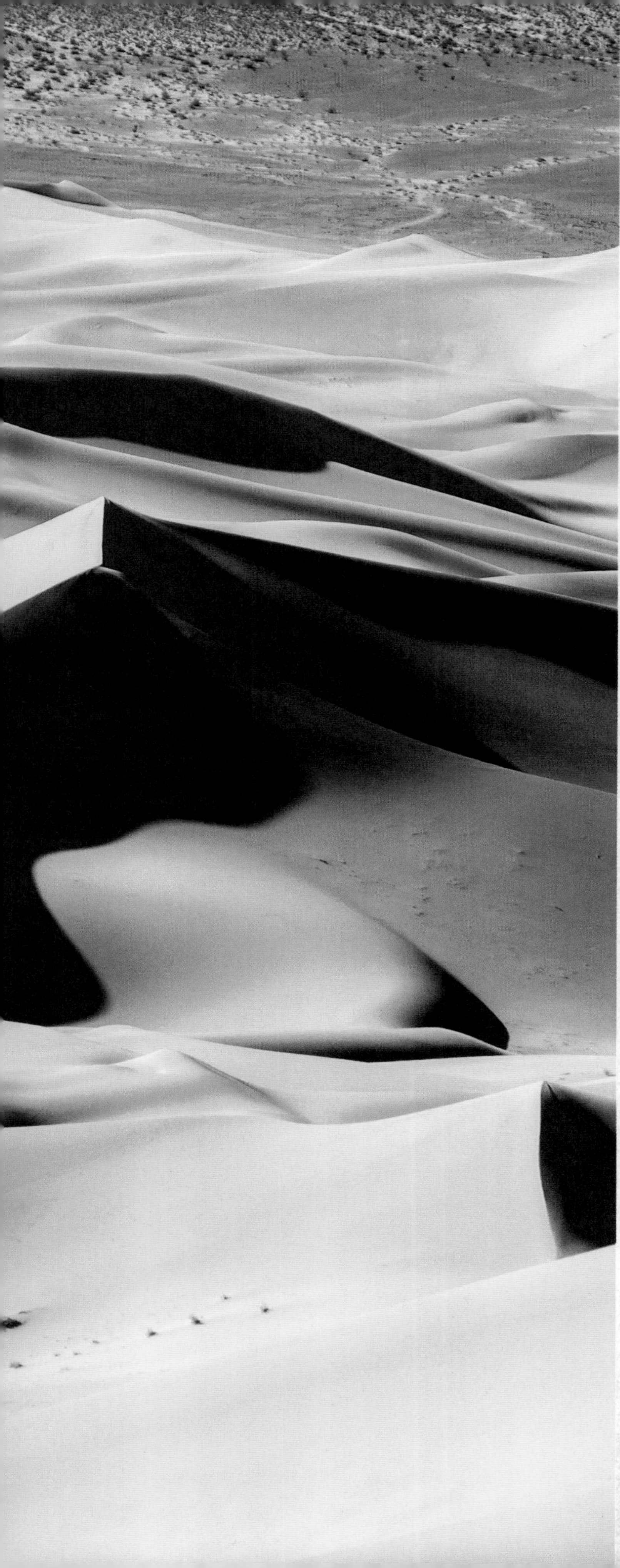

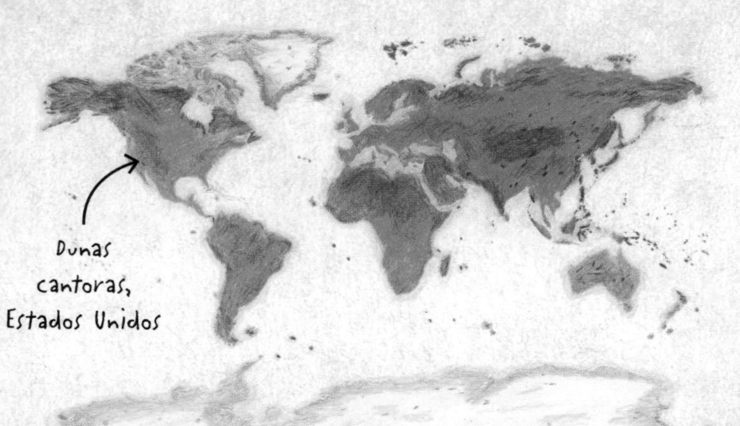

DUNAS CANTORAS

En el remoto valle de Eureka, California, Estados Unidos, unas impactantes dunas de arena se elevan sobre el lecho de un lago seco. En este paisaje desértico barrido por el viento, mantén los oídos atentos cuando subas por las dunas: es posible que la arena empiece a cantar. Las dunas de Eureka se encuentran entre las más altas de Norteamérica. La mayoría son largas y estrechas, y forman crestas de lado a lado. Otras, en cambio, tienen forma de estrella.

Las dunas son las más altas de California y superan en altura a la gran pirámide de Guiza.
La gran pirámide de Guiza, 120 m
Dunas de Eureka, más de 210 m

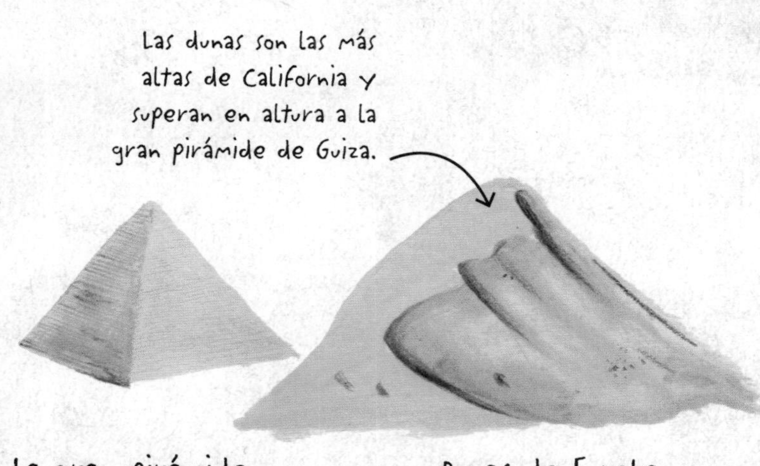

HÁBITAT DE EUREKA

Las dunas están cerca del final del valle de Eureka, donde el viento acumula la arena (ver p. 57 para saber cómo se forman las dunas de arena). El hábitat es hostil, pero las montañas cercanas echan una mano a la vida salvaje al capturar la lluvia, que se filtra en la arena y las dunas la absorben como una esponja.

Cordillera Last Chance

Las caras de una duna de arena

Cara de barlovento

El lado de la duna por el que sopla el viento y sube la arena se conoce como cara de barlovento.

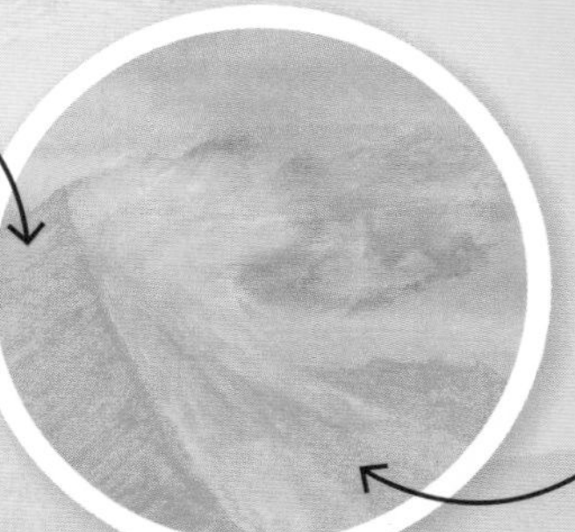

El otro lado, por el que baja la arena, se denomina cara de sotavento.

Cara de sotavento

Flora de las dunas

Hay algunas plantas que pueden crecer en la arena, incluidas algunas especies raras que solo se encuentran en las dunas de Eureka.

La Swallenia solo crece en las dunas de Eureka. Aprovecha sus gruesas raíces para fijarse a la arena. Tiene unas espinas duras en las puntas de las hojas para evitar que se la coman.

La onagra de las dunas de Eureka solo se halla aquí. Permanece bajo la arena hasta que llueve, y entonces crece a toda velocidad y abre sus flores blancas de noche para atraer a los polinizadores, como por ejemplo las polillas.

El astrágalo lentiginoso se encuentra por toda Norteamérica occidental. Está cubierto de pelos plateados que reflejan el exceso de calor y almacenan humedad. Forma mogotes en las dunas.

Serpiente topera

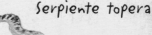

Chacahuala (un tipo de lagarto)

Increíble arena cantora

Si subes a una duna de Eureka y haces caer la arena pendiente abajo con los pies, o si el viento empuja la arena por el lateral, es posible que oigas un espectacular sonido retumbante, como de un avión pequeño o una nota grave de un órgano de iglesia. Esto se produce porque las condiciones del lugar permiten que los granos de arena se deslicen y se rocen entre sí, lo que crea el sonido.

No todas las dunas cantan, pero en Eureka, cuando la arena está muy seca, las condiciones son las idóneas: los granos de arena están poco compactos, limpios y tienen el tamaño adecuado.

Ir de excursión aquí es duro, pero vale la pena por el espectacular escenario.

Valle de la Muerte

Las dunas de Eureka están en una parte remota del Parque Nacional del Valle de la Muerte. Los hábitats del parque van desde los entornos más cálidos y secos de Norteamérica hasta las montañas cubiertas de nieve y los prados repletos de flores. Más de 1000 especies de plantas y 440 especies de animales tienen su morada en el parque; algunas de estas especies no se encuentran en ningún otro lugar del mundo.

Fauna de las dunas

Además de sus plantas adaptadas, las dunas también son el hogar de animales como serpientes, lagartos y escarabajos. Los tenebriónidos se entierran en la arena durante el día para evitar el calor y los predadores.

Tenebriónido

La zorra norteña es una pequeña zorra que vive en el Valle de la Muerte y que usa sus descomunales orejas para detectar presas y liberar calor para estar fresca.

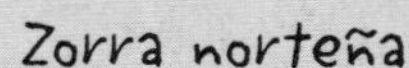

Zorra norteña

TSINGY DE BEMARAHA

En el oeste de Madagascar unas rocas afiladísimas se levantan del suelo como un bosque de agujas. Cada una es un *tsingy*, una palabra malgache que significa «donde no puedes ir descalzo». Dado que las rocas están tan afiladas que cortan las suelas de las botas de excursión, era imposible encontrar un nombre más apropiado.

Los tsingys cuentan con cuevas húmedas en la base de sus paredes. Los picos de la parte superior soportan el azote implacable del Sol.

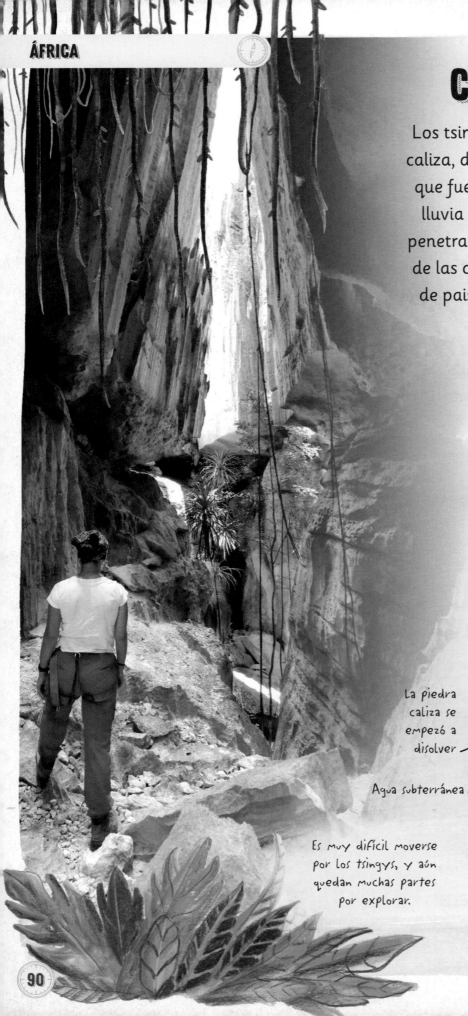

CAÑÓN ESCULPIDO

Los tsingys se forman a partir de losas de piedra caliza, de disolución muy fácil. Los geólogos creen que fue principalmente el agua subterránea y la lluvia lo que disolvió y dio forma a estas rocas penetrando en ellas y creando las agujas, además de las cuevas, los cañones y los túneles. Este tipo de paisaje está presente en tan solo muy pocos sitios del mundo.

Cómo se formaron los tsingys

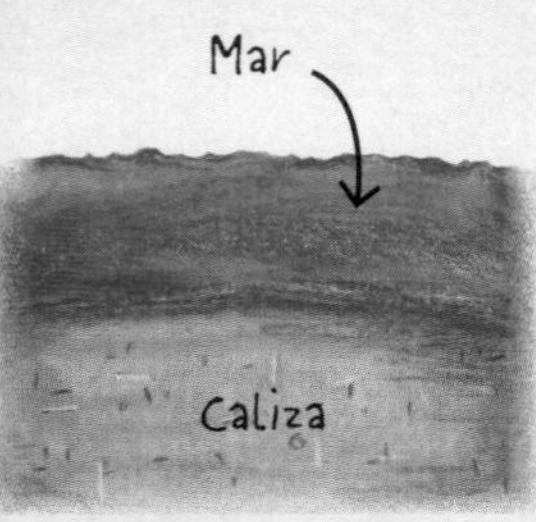

Hace unos 200 millones de años esta área era un océano. Se formó un lecho de piedra caliza muy pura bajo el agua.

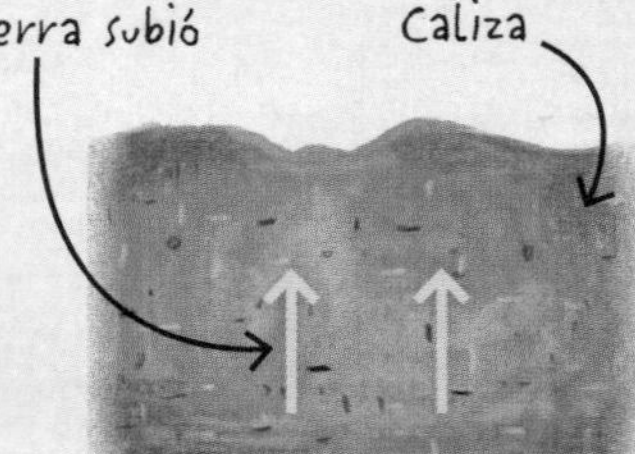

Más adelante, el movimiento de la corteza terrestre hizo que la tierra (con el lecho de piedra caliza) saliera del mar. Cuando bajó el nivel del mar, la tierra quedó aún más expuesta.

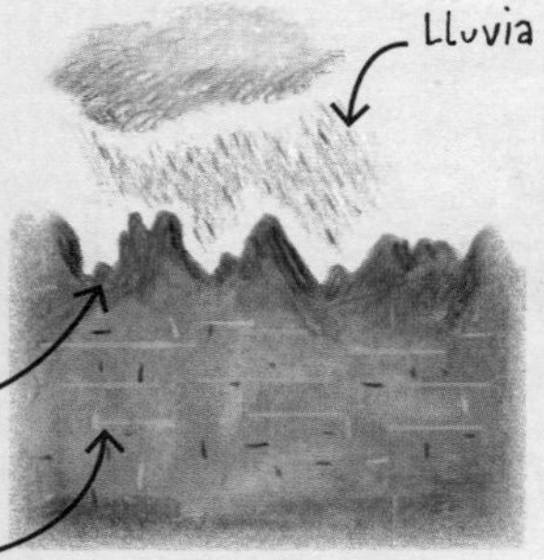

Durante millones de años, el agua subterránea disolvió y dio forma a la piedra caliza hasta formar grandes cuevas profundas en la roca. La lluvia ayudó a disolver las puntas superiores de la roca.

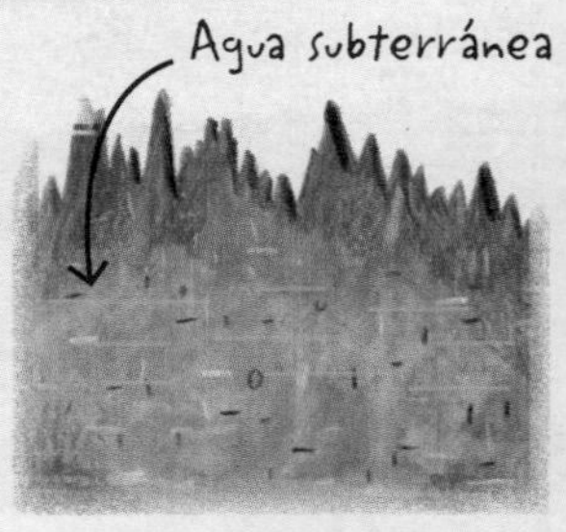

Con el tiempo, el techo de las grandes cuevas se erosionó y se formaron profundos cañones. Hoy en día el agua subterránea y la lluvia continúan disolviendo y afilando las rocas.

Es muy difícil moverse por los tsingys, y aún quedan muchas partes por explorar.

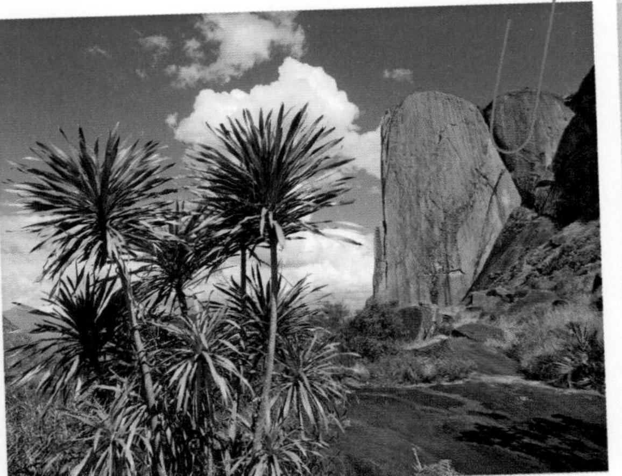
La palma de Madagascar, una planta con flores, almacena agua en su tallo y sus espinas recogen la humedad de la niebla.

Agujas protegidas

El Tsingy de Bemaraha y su bosque son una reserva natural protegida. Esta área cuenta con un clima tropical cálido pero seco, y una vida salvaje sin igual. De vez en cuando, los científicos descubren nuevas especies silvestres. La estación lluviosa dura de octubre a abril. El resto del año es seco y las plantas sobreviven de maneras ingeniosas.

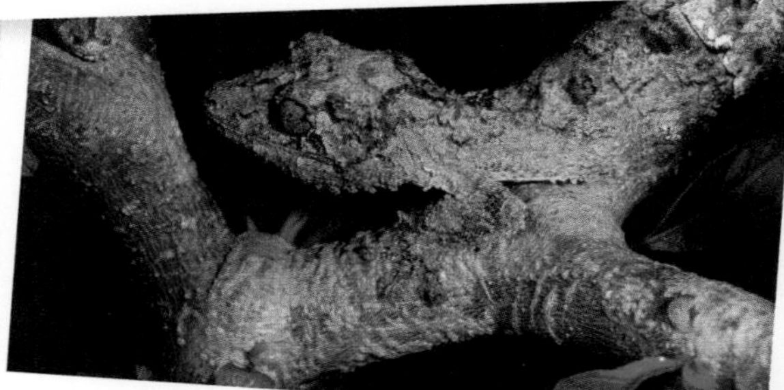
De día, el geco cola de hoja reposa en las ramas, perfectamente oculto gracias a su soberbio camuflaje. De noche se dedica a cazar insectos.

Los baobabs almacenan agua en sus abultados troncos.

Algunos tsingys llegan a los 100 m de altura.

Lémures saltarines

El sifaka de Decken es uno de los lémures más grandes de Madagascar. Con sus potentes patas traseras, cruza las cimas de los tsingys en busca de hojas y frutas. Unas almohadillas de piel gruesa protegen sus pies y le ayudan a aterrizar con seguridad entre las afiladas esquirlas de piedra.

El sifaka puede llegar a saltar hasta 30 m de distancia.

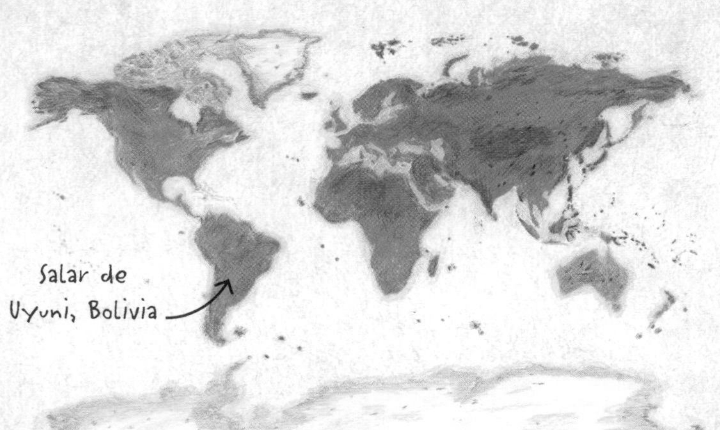

SALAR DE UYUNI

Extendiéndose hacia el horizonte, el Salar de Uyuni, en Bolivia, es una vasta salina de brillo cegador. Este paisaje de otro mundo que aparece en muchas películas de ciencia ficción es un desierto de sal. Las salinas se secan durante la estación seca del desierto. Durante los pocos días con precipitaciones de la corta estación lluviosa, las salinas quedan cubiertas brevemente por una capa muy fina de agua.

La infinita costra de sal refleja con belleza todo el entorno al mojarse. Puede llegar a tener 10 m de grosor. Esté seca o mojada, se puede caminar o circular por encima.

LAGO DE ESPEJO

Con más de 10 000 km^2, el Salar de Uyuni es la mayor salina del mundo. Surgió hace unos 40 000 años al evaporarse los lagos prehistóricos. Es uno de los lugares más planos de la Tierra. Durante la estación lluviosa de enero a marzo, si una fina capa lo cubre, la salina se transforma en un espejo gigante.

El patrón de los polígonos varía según cómo crecen y se agrietan los cristales de sal en la estación seca.

Las formas miden de 1 a 4 m de ancho.

Cómo se forman las salinas

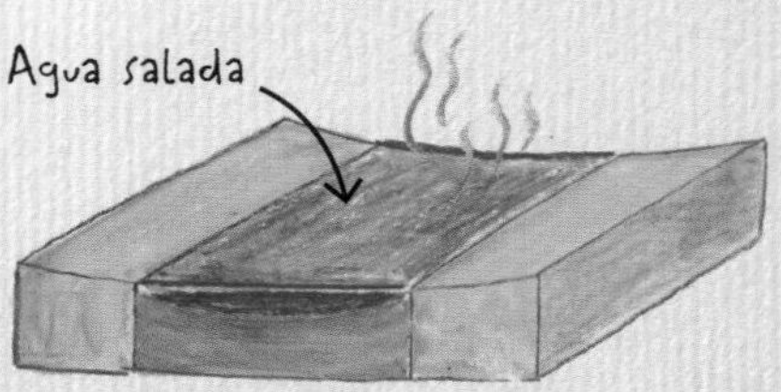

Las salinas se forman en climas en los que el volumen de evaporación de agua supera el volumen de precipitación.

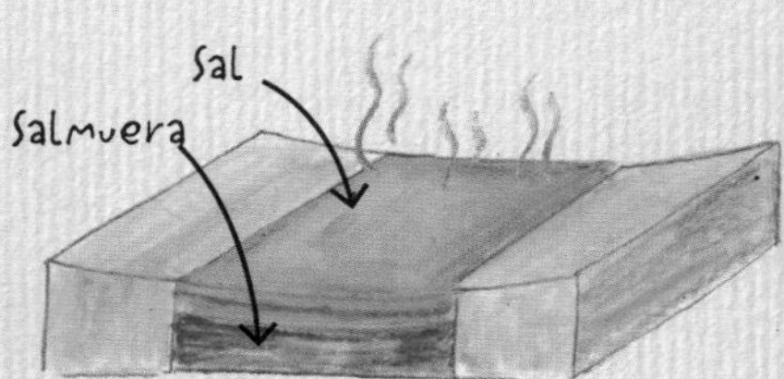

Cuando el agua salada (o salmuera) se seca, la sal previamente disuelta queda encima del resto de salmuera.

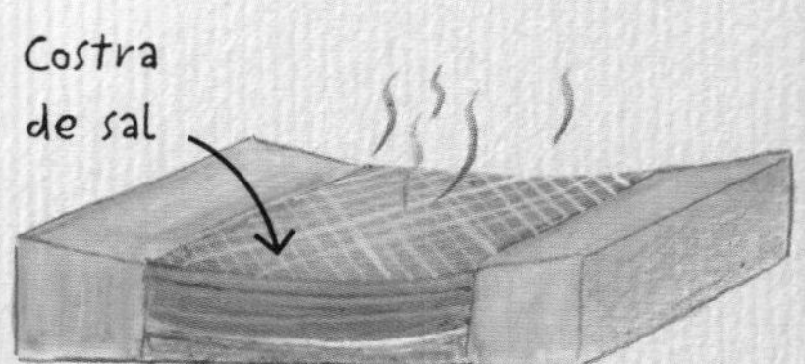

La sal sólida se convierte en una costra que se va haciendo más y más gruesa mientras dura el proceso de evaporación.

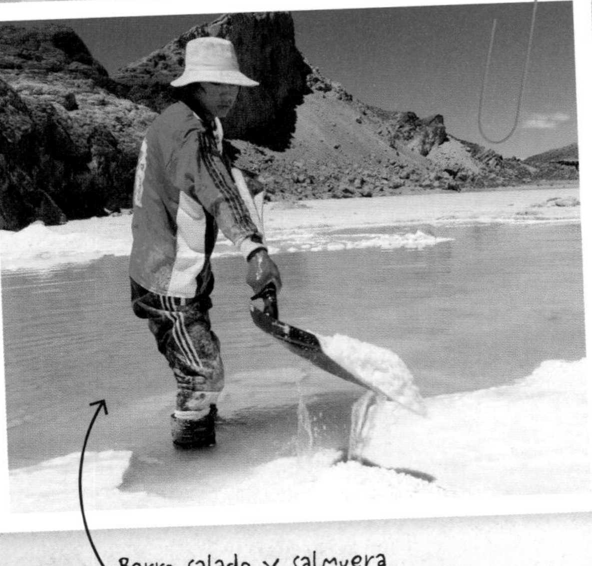

Barro salado y salmuera

Cosecha del Salar

Bajo la costra salada del Salar hay un depósito de barro salado y salmuera, del que se extrae comercialmente un tipo de sal, el carbonato de litio. El litio se usa en baterías para teléfonos móviles, portátiles y coches eléctricos.

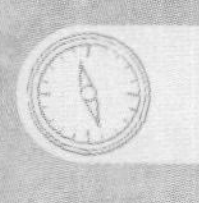

Las mesas, sillas y camas del hotel son de sal.

Hoteles de sal

Si visitas el Salar de Uyuni y buscas un lugar peculiar para pasar la noche, pásate por el Palacio de Sal. Este increíble hotel se ha construido con aproximadamente un millón de bloques de sal del Salar. Incluso cuenta con un campo de golf de sal. Para mantener su buen aspecto, se reconstruye entero cada quince años.

La isla Incahuasi (casa del Inca) es una isla en medio del desierto de sal. Anteriormente había sido un punto de parada obligatoria para los incas cuando cruzaban la salina. Es famosa por sus cactus gigantes; algunos tienen cientos de años.

Los cactus gigantes crecen lentamente, a una velocidad de 1 cm por año. La mayoría superan los 2 m de altura; ¡algunos llegan a los 10 m!

Hábitat de flamencos

El Salar es un punto de apareamiento para tres especies de flamencos sudamericanos: el de James, el andino y el austral. Llegan en noviembre y están adaptados a alimentarse en lagos salados, ya que se deshacen del exceso de sal a través de unas glándulas que tienen cerca de los orificios nasales.

BAHÍA DE HA LONG

Miles de islas de piedra caliza y afloramientos rocosos salpican como si fueran joyas las aguas verde esmeralda de la preciosa bahía de Ha Long en el noreste de Vietnam. En el clima tropical de la bahía, la exuberante selva tropical copa las islas, y los arrecifes de coral vibran con cientos de especies de coral, peces, moluscos y crustáceos.

Los visitantes realizan rutas guiadas en barco por la fantástica bahía.

DATOS DE LA BAHÍA

La bahía de Ha Long contiene unas 2000 islas de piedra caliza que están entre 50 y 100 m por encima del nivel del mar. Hace entre 340 y 240 millones de años toda esta área estaba bajo el agua y con el tiempo quedó expuesta por el movimiento y la subida de la corteza terrestre y la bajada del nivel del mar. Las olas y la lluvia erosionaron la tierra disolviendo y dando forma a la piedra caliza. Algunas de las islas deben su nombre a sus formas poco usuales, como el islote Cho Da (perro de piedra) y el islote Con Coc (sapo).

En algunos puntos, el techo de Hang Dau Go puede llegar a los 25 m de altura. El musgo aprovecha la luz del sol que penetra por la rendija para proliferar.

Cueva de las estacas de madera

Algunas de las islas cuentan con cuevas gigantescas. La más grande es Hang Dau Go (la cueva de las estacas de madera), que tiene tres grandes cámaras con estalactitas, estalagmitas e incluso un lago de agua dulce (ver pp. 60-61 para más información acerca de las estalactitas y las estalagmitas). La cueva debe su nombre a los restos de los postes de madera afilados que colocaron los militares vietnamitas durante el siglo XIII para hundir los barcos invasores.

El hábitat de la selva tropical, con su clima tropical de veranos cálidos y húmedos e invierno secos y frescos es el hogar ideal para lagartos, murciélagos, aves y monos.

Halcón

Donde el dragón desciende hasta el mar

En vietnamita, *Ha Long* significa «dragón en descenso». Cuenta la leyenda que un dragón y su prole bajaron del cielo para salvar a la población local de un ataque. El dragón escupió fuego, esmeraldas y jade, y estas joyas se convirtieron en las islas de la bahía.

En la isla de Cat Ba vive el langur negro de cabeza blanca, uno de los monos más raros del mundo.

Población de la bahía

Cerca de 1600 personas viven en pequeñas aldeas de pescadores de la bahía y sus alrededores. Tienen casas en plataformas de madera que flotan sobre el agua. Las casas tienen grandes estructuras flotantes cubiertas de redes al lado que sus habitantes usan para ganarse la vida criando peces. Los aldeanos también ofrecen alojamiento y rutas en barco a los turistas que visitan la bahía.

Las piscifactorías están junto a las casas en esta aldea flotante de pescadores.

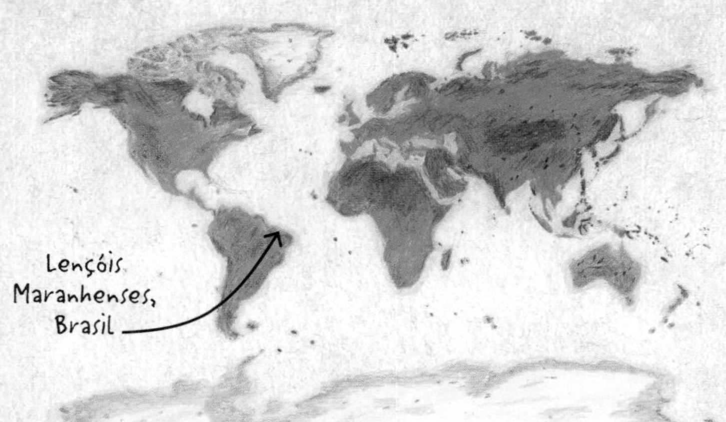

LENÇÓIS MARANHENSES

Lençóis Maranhenses, un paisaje ondulado de dunas de arena blanca brillante con profundos depósitos de agua, se encuentra a lo largo de la costa noreste de Brasil. Desde el aire, las dunas parecen sábanas ondeando al viento, y de ahí su nombre: «Lençóis» es «sábanas» en portugués.

Las áreas entre las dunas forman hondonadas que se llenan de agua de lluvia en la estación húmeda. En la estación seca, el agua se evapora.

SÁBANAS ONDULADAS

El cauce de dos ríos cruza Lençóis Maranhenses y arrastra miles de toneladas de arena, que acaba casi toda cerca del mar. Durante la estación seca, los fuertes vientos devuelven la arena otra vez hacia el interior, apilándola en dunas en forma de media luna, con pequeños valles en ellas que forman Lençóis Maranhenses (para saber más sobre cómo se forman las dunas de arena, p. 57).

Las bandadas de ibis escarlata vuelan a las dunas para alimentarse. Picotean las lagunas de arena para encontrar marisco.

Dunas y lagunas

Pese a sus dunas, Lençóis Maranhenses no es un desierto, sino que tiene clima tropical, cálido todo el año, con la estación húmeda de enero a junio y la estación seca de julio a diciembre. En la estación húmeda, las hondonadas entre las dunas se llenan con hasta 3 m de agua de lluvia. Una capa de roca impermeable bajo la arena impide que el agua se filtre y desaparezca. Los depósitos se evaporan cuando llega la estación seca.

Aunque tan solo sea por pocos meses, los depósitos dan cobijo y alimento a aves, tortugas, nutrias, manatís (mamíferos marinos) y peces, como esta anguila lobo.

Vivir en las dunas

Unos cientos de personas viven en pequeñas aldeas en Lençóis Maranhenses. Durante la estación seca crían cabras y pollos, que merodean por la arena, y cultivan plantas, como anacardos y yuca. Es complicado cultivar durante la estación lluviosa y se acercan al mar para pescar.

Los aldeanos viven en cabañas de barro, madera y hojas de palmera que recogen en la costa.

Criaturas de las dunas

Armadillo de seis bandas

El armadillo de seis bandas usa sus garras delanteras para excavar madrigueras y buscar insectos en la arena para comer.

Zarigüeya

Las zarigüeyas son marsupiales. Paren unas crías diminutas que se arrastran hasta la bolsa de su madre para alimentarse y crecer.

Tortuga de Maranhão

La tortuga de Maranhão (o capininga) vive en la selva y migra a las lagunas en la estación lluviosa para aparearse.

PUENTES DE RAÍCES DE MEGHALAYA

En la selva de Meghalaya, en el noreste de la India, unos extraordinarios puentes construidos con las raíces entrelazadas de árboles vivos unen las comunidades. Tienen una enorme dureza y resistencia, y en la época del monzón son la única manera de cruzar ríos y despeñaderos.

Los puentes se hacen con las raíces del árbol del caucho. Estos árboles tienen raíces bajo tierra y otras aéreas que les sirven de anclas para no moverse.

Raíces que parecen cuerdas

LA MORADA DE LAS NUBES

Meghalaya significa «morada de las nubes». Esta área selvática es cálida, húmeda y, con su promedio anual de 12 000 mm de lluvia, uno de los lugares más lluviosos de la Tierra. La lluvia abunda durante la época del monzón y convierte los caminos en lodazales y los ríos que cruzan las colinas en furiosos torrentes.

Construcción de puentes

Para cruzar ríos y conectar las aldeas, se crean puentes con las raíces vivas de los árboles del caucho. Durante muchos años, se tira de las raíces que crecen por encima de la tierra, se trenzan y atan y se guían para que crezcan de una manera concreta, creando puentes que sean bastante robustos para soportar el peso de 50 personas.

Las raíces que crecen sobre el suelo salen del tronco. Se tira de ellas y se trenzan a mano, y se guían para formar puentes que duran siglos.

OTRAS CONSTRUCCIONES CON ÁRBOLES

Jembatan Akar Bayang, Sumatra occidental, Indonesia

Este puente sobre el río Batang Bayang de Indonesia está hecho con las raíces de dos árboles que crecen alrededor de una estructura de bambú.

El pueblo khasi confecciona una seda de alta calidad conocida como seda eri. La seda se teje con telares manuales y se usa para ropajes tradicionales.

Naturaleza sagrada

Los pueblos khasi, jaintia y garo que viven aquí tienen una estrecha conexión con su entorno natural y consideran que la selva es sagrada. Este respeto continúa en cada hogar: en Mawlynnong, una aldea, se recogen los residuos domésticos en cubos de bambú para reciclarlo todo como abono para los campos de los agricultores.

Cálao del Nepal

Vida salvaje de Meghalaya

La selva de Meghalaya es el hogar de elefantes asiáticos salvajes y la rarísima pantera nebulosa. Aquí también viven venados, osos, gibones, chacales y monos. Entre los reptiles que merodean por la zona destacan las cobras, las pitones y los varanos, y cientos de especies de aves, como el buitre bucerótido y el martín pescador.

Pantera nebulosa

Elefante asiático

Capilla del roble, Seine-Maritime, Francia

Este antiguo roble de Francia tiene dos pequeñas capillas en las partes huecas de su interior. Se entra por la escalera de caracol que sube alrededor del tronco.

Palacio de sauce, Auerstedt, Alemania

Para construir el Palacio de sauce en Alemania, se tejieron sauces jóvenes para darles forma de cúpula. A menudo se guían árboles para que crezcan de una manera concreta.

CRÁTER DE WOLFE CREEK

El Gran Desierto Arenoso de Australia occidental tiene un gigantesco cráter en un extremo. Los científicos creen que se produjo por el impacto de un meteorito. Esta región tiene uno de los climas más hostiles de la Tierra. En verano, la temperatura puede llegar a unos abrasadores 48 °C. En el cráter hay árboles y arbustos gracias al agua subterránea que tiene en el centro.

Los científicos creen que aquí impactó un meteorito contra la Tierra y creó un cráter casi circular con su borde alrededor.

IMPACTO DE METEORITO

El cráter de Wolfe Creek tiene la profundidad de un edificio de 20 plantas y mide unos 875 m de lado a lado. Los científicos calculan que el meteorito que impactó aquí debía de medir unos 15 m de ancho, pesaba más de 50 000 toneladas y viajaba a unos 15 km/s.

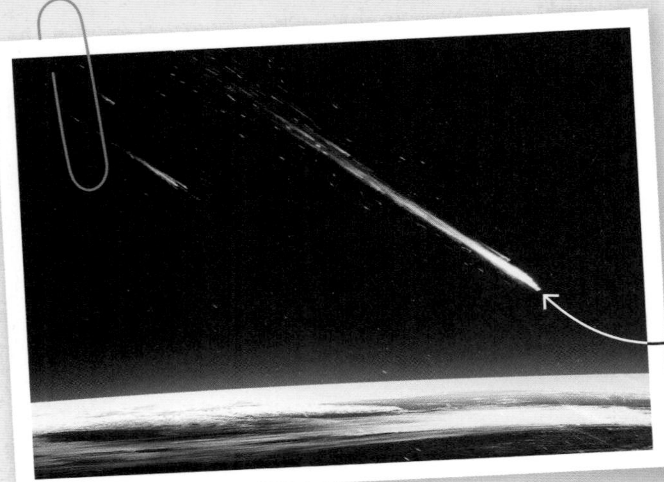

Meteoro

Los científicos creen que el impacto del meteorito se produjo hace unos 120 000 años.

¿Meteoroide, meteoro, meteorito?

A veces caen fragmentos de roca o metal del espacio a la atmósfera de la Tierra. Son meteoroides. La mayoría se queman por el camino, creando brillantes rastros de luz denominados meteoros. Los meteoritos son los que llegan al suelo.

Meteorito

OTROS GRANDES CRÁTERES

Cráter Barringer, Estados Unidos

Con su diámetro aproximado de 1200 m, el cráter Barringer de Arizona, Estados Unidos, es el cráter de meteorito más grande del mundo.

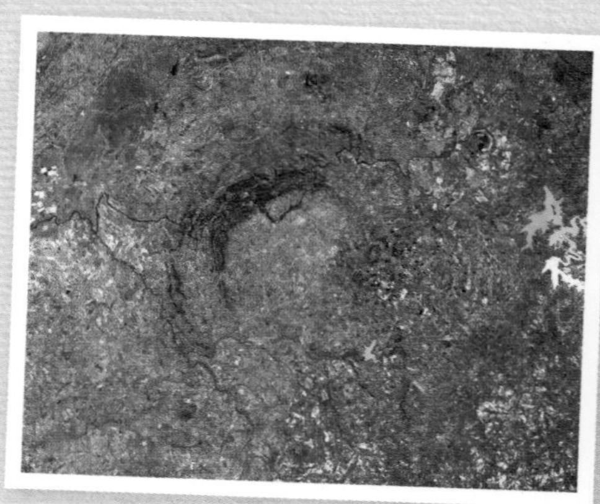

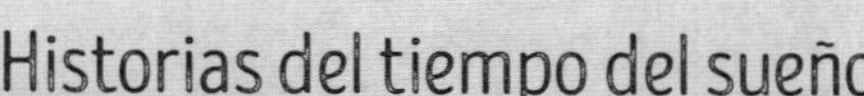

Historias del tiempo del sueño

Los pueblos djaru y walmajarri del Gran Desierto Arenoso han sido los custodios tradicionales de esta tierra. Tienen muchas historias del tiempo del sueño que cuentan cómo se formó el cráter. Por ejemplo, una explica que se formó cuando una serpiente gigante cruzó la Tierra por su interior y levantó la cabeza del suelo.

Aterrizaje forzoso

La fuerza del impacto del meteorito contra la Tierra provocó una tremenda explosión que destrozó rocas a gran profundidad e hizo volar escombros a kilómetros de distancia. Según parece, algunas bolas oxidadas que están esparcidas por el cráter son rocas con hierro del propio meteorito.

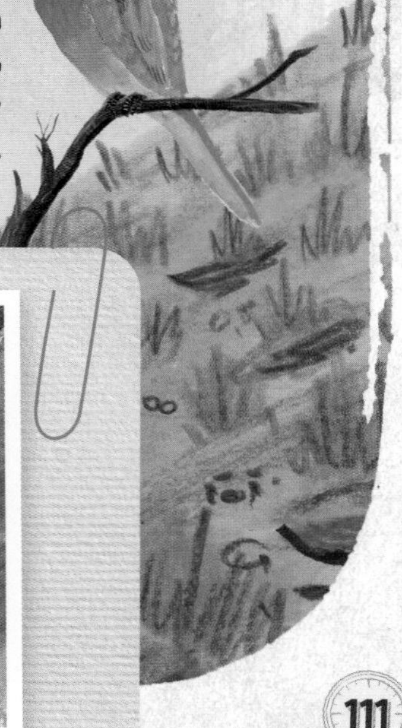

Periquito espléndido

Muchas aves y animales, como dingos y goannas (lagartos), se han adaptado a la vida en el desierto. Al periquito espléndido no le hace falta beber agua, ya que la obtiene de las plantas que se come.

Cráter de Vredefort, Sudáfrica

El cráter Vredefort de Sudáfrica es uno de los cráteres de impacto más antiguo del mundo: tiene más de 2000 millones de años de antigüedad.

Cráter Tin Bider, Algeria

En el cráter Tin Bider del desierto del Sáhara, Argelia, se pueden observar varias capas de rocas. Los geólogos piensan que Tin Bider probablemente sea un cráter de impacto.

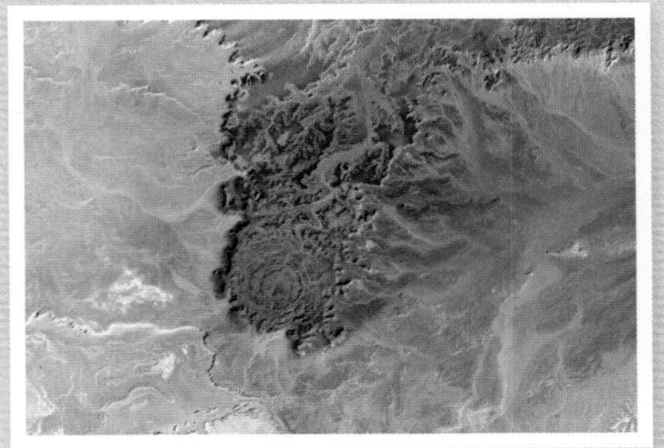

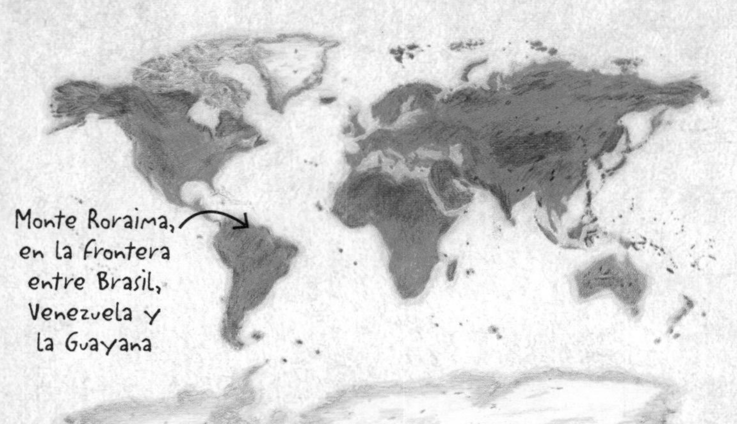

MONTE RORAIMA

En el norte de Sudamérica existe una mesa que parece una isla flotando por encima de las nubes. El monte Roraima se levanta por encima de la selva tropical. Su cumbre contiene un mundo perdido de rocas y peñascos de formas extrañas, ciénagas, lagos, y plantas y animales poco habituales.

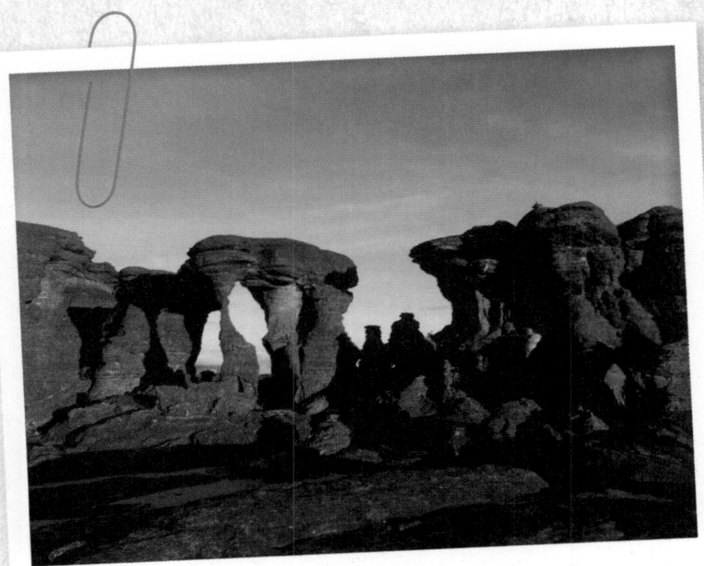

Las inclemencias meteorológicas han dado formas fantásticas a las rocas de la cima del monte Roraima.

MESA

El monte Roraima es un tepuy, una montaña de cima plana con paredes abruptas y verticales. Tiene una altura de 2810 m, y su vasta cima plana está cubierta por enormes peñascos negros y arenisca expuesta, además de pocos arbustos esporádicos. Debido a su clima tropical aquí llueve casi a diario. Hay ciénagas, ríos y lagos, y espectaculares cascadas que caen por los acantilados.

Cómo se formó el monte Roraima

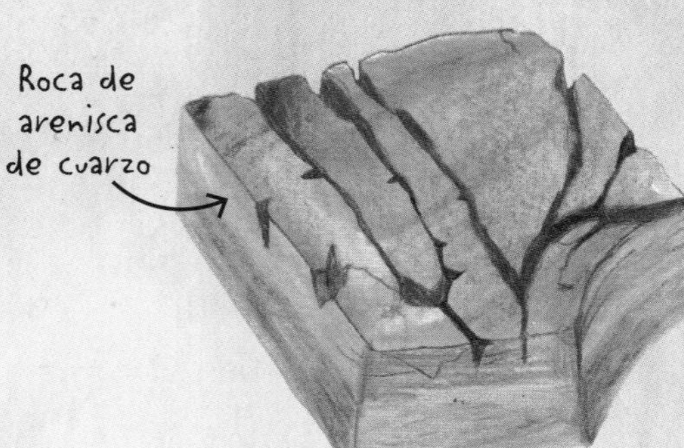

Con el tiempo la lluvia, los ríos, los arroyos y el agua subterránea rompieron la arenisca.

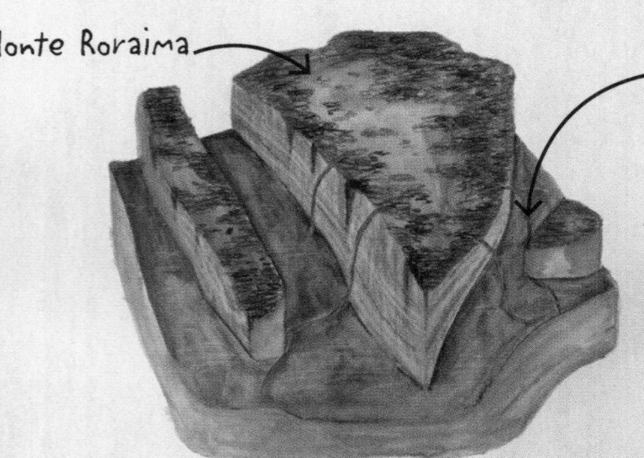

La lluvia, los ríos y el agua subterránea erosionaron las partes blandas de la roca, rompiéndola por las fisuras.

Tras unos 1500 millones de años de erosión solo quedaron montañas planas, o mesas, como el monte Roraima.

Tradiciones locales

Las nubes blancas y la niebla que se arremolina alrededor del monte Roraima le dan un aspecto misterioso. Los habitantes de la región tienen muchas leyendas sobre este lugar extraordinario. En algunas es el hogar de la diosa madre; en otras, es el tocón de un árbol gigante que provocó una terrible inundación cuando cayó al suelo.

Salto de agua en un lateral del monte Roraima.

Tepuy significa «casa de los dioses».

Exploración de cuevas

En 2003 un grupo de espeleólogos que exploraba el monte Roraima realizó un hallazgo extraordinario: descubrieron la entrada a uno de los sistemas de cuevas de cuarzo más largos del mundo. La Cueva Ojos de Cristal recorre casi 11 km por el interior de la montaña.

Aislamiento total

Desde su formación hace millones de años, el monte Roraima ha quedado separado de otras áreas por su altura y eso lo ha convertido en un hábitat sin igual para la flora y la fauna, como por ejemplo un precioso tipo de rocío del sol, una planta carnívora que atrapa y digiere insectos, y el minúsculo sapito rugoso del Roraima, que normalmente se deja ver en rocas. Este animal solo vive en la cima del Roraima y en la de otro tepuy cercano.

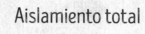

Utricularia campbelliana (planta carnívora) que crece sobre un árbol

Rocío del sol, carnívora

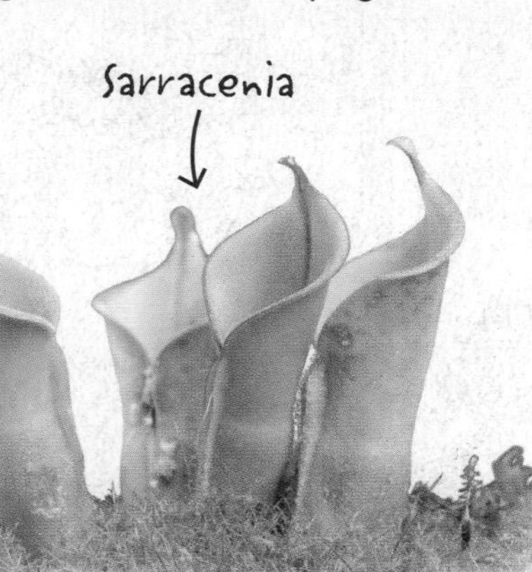

Sarracenia

El sapito rugoso del Roraima se enrolla en una bola y huye dando tumbos si se siente amenazado.

CRÁTER DE NGORONGORO

Este enorme cráter volcánico, que se llama así por la onomatopeya masái del sonido del cencerro (*ngoro ngoro*), está en el Valle del Rift de África oriental, en Tanzania. Actualmente el suelo del cráter es una pradera donde viven algunos de los animales más raros e icónicos de África.

El cráter está en el macizo del Ngorongoro, un área más húmeda y fría que las regiones bajas que la rodean. Tiene un clima subtropical (cálido y húmedo con inviernos suaves).

ACCIÓN VOLCÁNICA

El cráter de Ngorongoro es la caldera más grande del mundo. Las calderas son grandes cráteres que se forman tras el derrumbe de un volcán. Se cree que el cráter de Ngorongoro se formó hace unos 2,5 millones de años cuando un gigantesco volcán entró en erupción y se derrumbó sobre sí mismo. El cráter ocupa un área de 264 km^2.

Vida en el cráter

El cráter contiene una gran abundancia de vida salvaje, incluyendo algunos de los animales más famosos de África, como leones, elefantes, cebras y ñus. También contiene unos 30 rinocerontes negros en peligro crítico de extinción. Unos guardias armados los protegen de la caza furtiva. Aquí los animales proliferan porque hay una gran cantidad de agua de fuentes, arroyos y ríos, gracias a la escorrentía del cráter.

Cómo se formó el cráter

En el lugar del cráter, un volcán produjo una erupción violenta.

El volcán se formó al solidificarse la lava de erupciones previas.

El volcán empezó a agrietarse durante la erupción.

La caliente lava líquida salió de la cámara magmática, que se empezó a vaciar.

Cuando la cámara magmática quedó vacía, el magma dejó de mantener el volcán en pie, este se derrumbó entero y se formó el cráter.

Plantas

Hoy crecen plantas en el gran cráter.

Lava sólida

Bajo el cráter queda algo de lava líquida caliente.

Los animales se acercan a los abrevaderos del cráter para beber.

Hipopótamos

Flamencos

Rinoceronte negro

Cráneo reconstruido de un antepasado de los humanos encontrado en la garganta de Olduvai

Garganta de Olduvai

Cerca del cráter está la garganta de Olduvai, uno de los yacimientos prehistóricos más importantes. En las décadas de 1950 y 1960 se descubrieron algunos de los restos humanos más antiguos, que se remontan millones de años atrás en el tiempo y que llevó a los científicos a creer que los primeros seres humanos evolucionaron en África.

Los masáis son nómadas en busca de lugares para que pasten los animales. Viven en chozas fáciles de construir: de ramas cubiertas de barro y estiércol de vaca, y hierba en el tejado.

Pastores masái

El cráter forma parte de una reserva natural protegida, pero el pueblo masái, que ha vivido durante cientos de años en la región, tiene derecho a entrar con su ganado para pacer. El ganado es muy importante en la vida y cultura de los masái, ya que se comen su carne y beben su leche. El ganado también sirve para indicar la riqueza y el estatus personal.

VALLE DE LOS GÉISERES

La península de Kamchatka sobresale hacia el mar en el extremo noreste de Rusia. Este paraje remoto es famoso por sus sensacionales volcanes, lagos y vida salvaje, y también por el Valle de los Géiseres, uno de los grupos de géiseres y fuentes termales más grandes del mundo.

Velikan (Gigante), el géiser más grande del valle

Los géiseres son fuentes termales que emiten vapor y chorros de agua caliente. Descubre cómo se forman en la p. 44.

GÉISERES EXPLOSIVOS

El Valle de los Géiseres está en el extremo oriental de la península de Kamchatka, entre una cordillera de volcanes. Sus 8 km de longitud contienen unos 90 géiseres, además de humeantes pozas de barro y fuentes termales. El géiser más grande, Velikan (Gigante), dispara chorros de agua a una altura de hasta 40 m (para más información sobre géiseres, pp. 43-45).

A unos 180 km del Valle de los Géiseres, Koryaksky es uno de los volcanes de Kamchatka. Se levanta sobre la ciudad de Petropavlovsk-Kamchatsky.

Volcanes de Kamchatka

La península de Kamchatka se encuentra en el Cinturón de Fuego que rodea el océano Pacífico. Aquí una placa de la corteza terrestre se está deslizando por debajo de otra y provoca erupciones volcánicas y terremotos. Esta área contiene más de 300 volcanes, 40 de ellos todavía activos. El más alto es el Klyuchevskoi, en erupción casi constante.

Todo el valle está repleto de pozas de barro, charcas de lodo hirviendo.

Salmón rojo

El salmón rojo cambia su color azul plateado por rojo y verde cuando desova.

Oso pardo de Kamchatka

Estos osos de más de 1 tonelada de peso usan las zarpas para atrapar a los salmones en las aguas. También se alimentan de bayas y frutos secos de los árboles.

Pigargo de Steller

Este gran pigargo vuela hasta que ve algún pez y se lanza en picado para atraparlo con sus afilados espolones.

Ríos y lagos

Kamchatka tiene miles de ríos y lagos que reciben su agua de la lluvia y el deshielo de la nieve de la montaña. En verano, un número ingente de salmones rojos desovan en ríos y lagos. El salmón es una gran fuente de alimento para las águilas marinas y los osos pardos.

Desastre natural

Pese a que solo se llega en helicóptero, el Valle de los Géiseres es una atracción turística popular. No obstante, en junio de 2007 se produjo un desastre cuando un desprendimiento sepultó muchos géiseres y fuentes. Por suerte el Velikan no se vio afectado y algunas partes del valle se están recuperando lentamente.

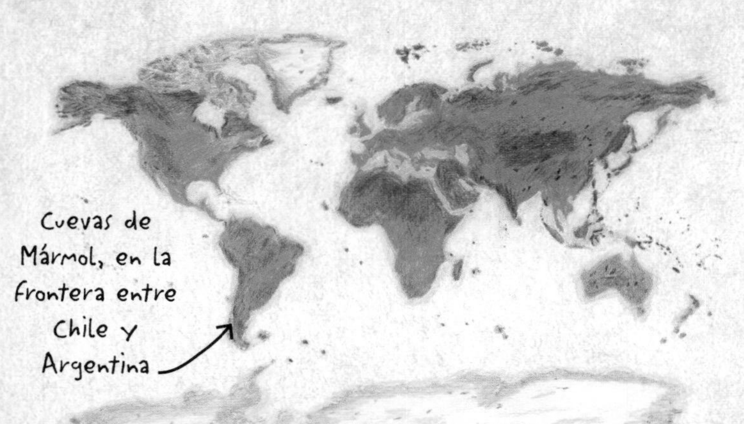

CUEVAS DE MÁRMOL

Esculpido en roca de mármol, en la orilla del lago General Carrera hay un conjunto de cuevas naturales de extrema belleza. Viaja hasta este punto de la frontera entre Chile y Argentina para experimentar los brillos azules de las rocas. Las tres cuevas principales son la Capilla, la Cueva y, la más grande de todas, la Catedral.

Las cuevas Capilla y Catedral están en la base de las islas rocosas y deben su nombre a los techos esculpidos, las columnas y las paredes ornamentadas.

MÁRMOL ESCULPIDO

El embate constante de las olas del lago ha esculpido las Cuevas de Mármol. Durante más de 6000 años el agua se ha ido colando por las grietas del mármol, que se han ensanchado hasta llegar a ser lo bastante grandes como para que entren las olas y formen las cuevas.

Las cuevas están esculpidas en las islas rocosas de la orilla del lago y en una península que penetra en el agua.

Solo se puede acceder en bote a las diferentes cuevas.

Cueva Catedral

OTRAS CUEVAS GENIALES PARA EXPLORAR

Cueva de hielo de Skaftafell, Islandia

Esta sorprendente cueva forma parte de un glaciar, que sigue moviéndose, igual que la cueva. El agua fundida la excavó a través del glaciar y por debajo de este, proceso que continúa sucediendo hoy en día.

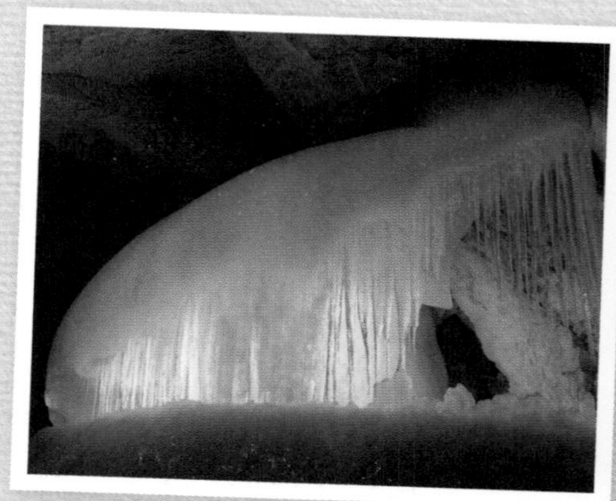

El clima del lago es un poco más cálido que el frío y húmedo de los aledaños. Eso sí, puede soplar viento y llevar nubes cargadas de lluvia.

Lago azul

El lago General Carrera ocupa un área de 1850 km^2. Es uno de los lagos más grandes de Sudamérica. Sus aguas provienen de los glaciares de la cordillera de los Andes y son frías, transparentes y de color azul turquesa. Su tonalidad se debe a las minúsculas partículas de sedimentos que el glaciar arranca de las rocas por las que pasa. Cuando se funde el hielo del glaciar, las partículas quedan suspendidas en el agua y refractan la fracción azul de la luz solar.

Colores de las cavernas

Las paredes de las Cuevas de Mármol están cubiertas de remolinos azules. Por increíble que parezca, el mármol realmente es gris claro, pero parece azul por el reflejo del agua. Sus colores cambian según la época del año: son más vivos en verano (de septiembre a febrero), al fundirse el hielo y subir el nivel del agua.

Las cuevas son accesibles en botes turísticos o en kayak. A veces el agua está un poco picada y es mejor salir por la mañana, cuando suele hacer menos viento.

Cueva de hielo de Eisriesenwelt, Austria

En el interior de la montaña Hochkogel, en los Alpes austriacos, se encuentra el Eisriesenwelt, la cueva de hielo más grande. Es un laberinto con carámbanos que gotean.

Cuevas de hielo del monte Erebus, Antártida

El monte Erebus es un volcán de la Antártida. Su vapor crea cuevas de hielo en sus laderas. Están cerca de la superficie bajo una fina capa de hielo.

CATARATAS DE BAN GIOC

En el río Quây So'n que separa China y Vietnam, las cataratas de Ban Gioc saltan un barranco de 3 alturas rodeado de picos de piedra caliza y valles exuberantes. Tras cada episodio de lluvia intensa, las cataratas llegan a su máximo caudal y el agua ruge. Las cataratas se encuentran en el geoparque Non Nuoc Cao Bang, que tiene un cálido y pegajoso clima tropical con dos estaciones: seca y lluviosa.

Los turistas se acercan a las cataratas con balsas de bambú.

UN GRAN SALTO DE AGUA

Con una caída de 30 m y 300 m de ancho, Ban Gioc es el mayor salto de agua de Asia. Pasa sobre un barranco de piedra caliza. Las cataratas se forman cuando los ríos avanzan sobre rocas que se erosionan a velocidades diferentes. El agua erosiona más rápidamente la roca blanda del fondo y deja una cornisa de roca dura encima, por la que salta el agua.

Mundo espiritual

Cerca está el Gran Cañón de Tongling, que significa «conectado al mundo de los espíritus». Se entra por una gran cueva con un atronador río subterráneo. En el pasado la cueva era un escondite ideal para los bandidos autóctonos.

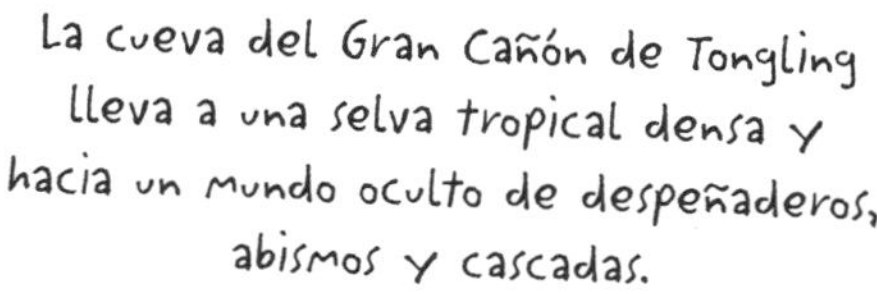

La cueva del Gran Cañón de Tongling lleva a una selva tropical densa y hacia un mundo oculto de despeñaderos, abismos y cascadas.

Aquí se usan los búfalos acuáticos para arar los arrozales y dejarlos a punto para la nueva cosecha.

Cómo se forman las cascadas

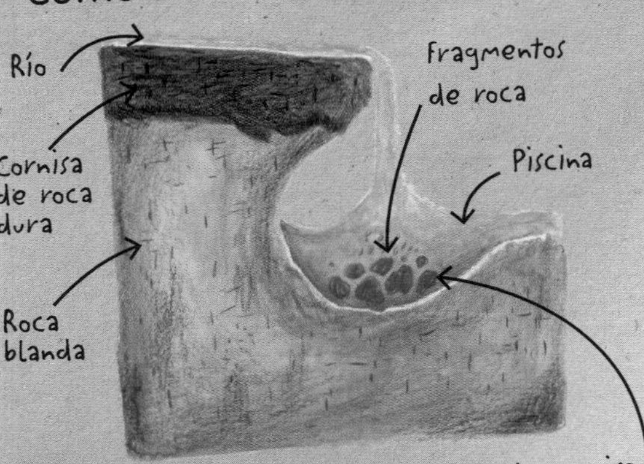

Con el tiempo, se erosiona parte de la cornisa de roca dura y caen trozos de roca.

La rana del musgo vietnamita vive en esta zona. Se camufla sobre rocas cubiertas de musgo y queda oculta a los ojos de los predadores.

OTRAS FABULOSAS CASCADAS

Cataratas Asik-Asik, Filipinas

Ocultas en la selva tropical hasta 2010, las cataratas Asik-Asik en Filipinas saltan por una pared cubierta de plantas de un color verde brillante a las que les encanta el agua.

El río tiene pequeños pueblos agricultores a lo largo de la orilla. El arroz se cultiva en campos o terrazas que riega el río.

Río tortuoso

El precioso río azul jade Quây So'n River, que serpentea casi 90 km siguiendo la frontera entre China y Vietnam, aporta agua a las cataratas. Durante su curso cruza espectaculares montañas, verdes bosques de bambú y fértiles arrozales.

Dettifoss, Islandia

Dettifoss, en Islandia, es una de las cascadas con más fuerza de Europa. Gracias al agua fundida de un glaciar cercano, tiene un salto de 44 m hacia un cañón de paredes verticales.

Cataratas Murchison (Kabalega), Uganda

En las cataratas Murchison de Uganda, el río Victoria avanza por una rendija estrecha entre las rocas antes de dar en una poza profunda. El río continúa más adelante hasta que llega al lago Alberto.

ARCHIPIÉLAGO DE SOCOTRA

En el océano Índico, a 350 km de la costa de Yemen, está el archipiélago de Socotra, con un hábitat sin igual en el resto de la Tierra y algunas de las plantas y animales más raros del mundo. Un archipiélago es un grupo de islas. El archipiélago de Socotra está compuesto por cuatro islas, la mayor de ellas, con diferencia, es Socotra.

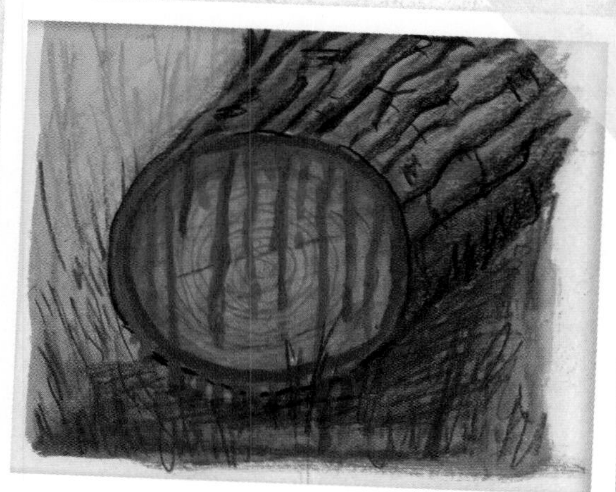

Los extravagantes árboles de la sangre de dragón salpican las islas del archipiélago de Socotra. Su nombre impactante se debe a su savia de color rojo vivo.

ISLAS APARTE

Las islas que componen el archipiélago de Socotra formaron parte del supercontinente prehistórico de Gondwana. Se separaron hace unos 20 millones de años y su vida salvaje evolucionó aislada. Por eso en la actualidad es imposible encontrar gran parte de las plantas y animales de las islas en cualquier otro sitio. Su inhóspito clima se clasifica como desértico y es cálido, seco y ventoso. El paisaje de la isla de Socotra incluye llanuras litorales, una meseta de piedra caliza y montañas escarpadas.

Cerca del 90% de los reptiles del archipiélago de Socotra, incluido el camaleón de Socotra, solo se encuentran en estas islas.

La exclusiva vida salvaje de las islas hace que el archipiélago de Socotra sea uno de los centros de biodiversidad más apreciados del planeta.

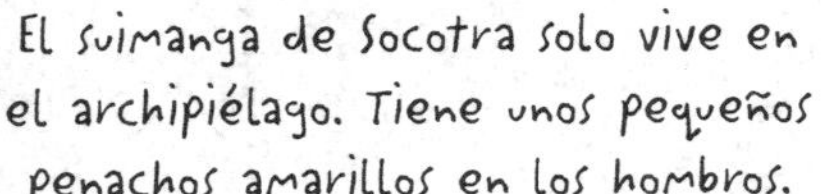

El suimanga de Socotra solo vive en el archipiélago. Tiene unos pequeños penachos amarillos en los hombros.

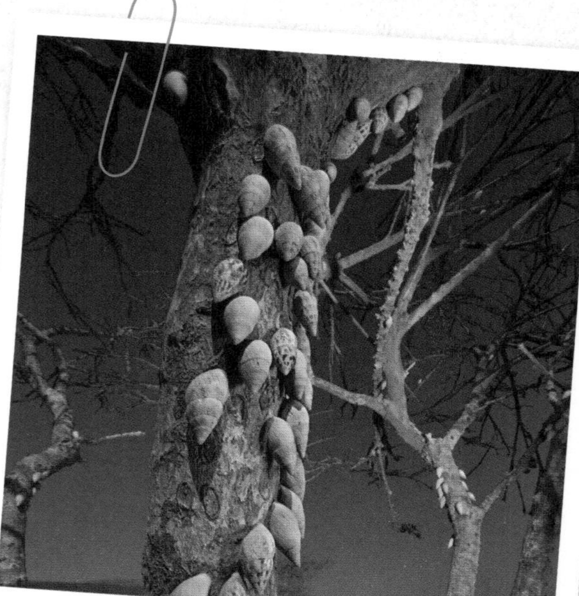

En la isla de Socotra, los caracoles de tierra se suben a los árboles para escapar del calor y los predadores, como los escarabajos.

Árboles de la sangre de dragón

Futuro frágil

El archipiélago de Socotra y su vida salvaje tienen un futuro incierto, amenazado por la guerra civil de Yemen, los animales invasores introducidos por el hombre (como las cabras) y el cambio climático. Los ciclones provocan inundaciones y destruyen los frágiles arrecifes de coral y las plantas de la isla, como los árboles de la sangre de dragón.

Los marineros grabaron sus nombres en las rocas de la cueva de Hoq. También hay algunos dibujos de barcos.

Arte rupestre en Hoq

Durante miles de años, la isla de Socotra fue una parada importante en las rutas comerciales entre la India, Oriente Medio y África. En 2001 un equipo de científicos de Bélgica realizó un increíble descubrimiento: en la cueva de Hoq, una gran cueva de la isla, encontraron cientos de inscripciones cortas que marineros y comerciantes grabaron en las rocas.

Aquí hay dragones

Un tercio de las plantas del archipiélago de Socotra solo crece en sus islas, como el famoso árbol de la sangre de dragón. Este árbol es muy longevo, puede vivir hasta mil años y parece una extraña planta extraterrestre que crece entre las rocas.

Árbol de incienso

Árbol de la sangre de dragón

Rosa del desierto

Las hojas sobre las ramas recogen la humedad de la niebla.

SMOKING HILLS

A lo largo de un tramo de la costa ártica del remoto noroeste de Canadá se levantan espesas columnas de humo en unos increíbles acantilados con franjas rojas. Estas rocas llevan cientos o quizá miles de años ardiendo, pero ¿por qué lo hacen?

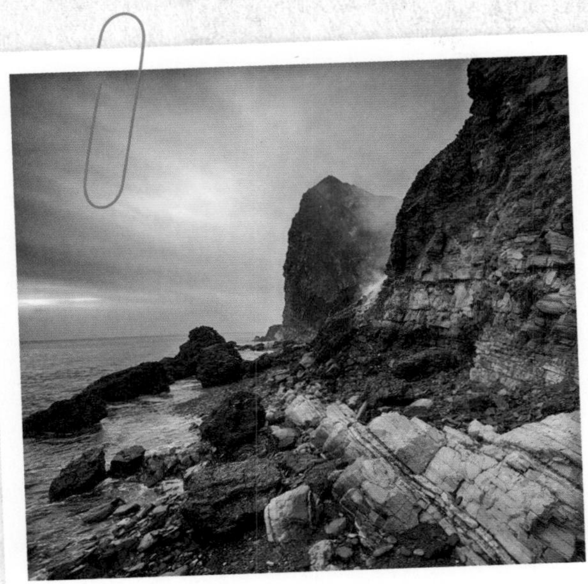

Su nombre en inglés habla de colinas, pero son acantilados. Los minerales ricos en hierro de las rocas son los responsables de las franjas rojas.

ROCAS EN LLAMAS

En 1850, el explorador Robert McClure vio las Smoking Hills desde su barco mientras buscaba supervivientes de otra expedición. Con la esperanza de que el humo fuera de fogatas, envió un equipo a tierra para explorar. No encontraron rastro de vida, pero se llevaron algunas rocas humeantes; una de ellas hizo un agujero en la mesa de madera de McClure.

Es complicado llegar a Smoking Hills. Actualmente todavía no hay ninguna carretera que llegue allí. Solo se puede acceder en helicóptero, hidroavión o barco.

¿Por qué arden las rocas?

Los científicos al principio creían que la actividad volcánica hacía arder los acantilados, pero luego descubrieron que los acantilados son de rocas de esquisto, ricas en azufre y carbón. Con el tiempo, la meteorología las erosionó, lo que las expone al oxígeno del aire y hace que el azufre y el carbón ardan de forma espontánea.

Los inuvialuits, que viven en la zona, han usado las rocas durante años como combustible. Su asentamiento más cercano (arriba) se conoce como *Paulatuk*, que significa «lugar del carbón».

Condiciones ácidas

La tundra ártica de la zona tiene mucha vida salvaje, pero muy poca es capaz de sobrevivir en las laderas de Smoking Hills. El humo de las rocas libera grandes cantidades de dióxido de azufre que hace que el suelo y la lluvia sean muy ácidos. Muy pocas especies de plantas, como el pasto polar y el chamico, se han adaptado a estas condiciones difíciles.

El pasto polar es capaz de crecer en el suelo ácido.

Las hojas de chamico pueden neutralizar (hacer menos ácida) la lluvia ácida que les cae encima.

Pingos polares

Los pingos son pequeñas colinas en forma de cono en la tundra ártica que se forman cuando el agua subterránea hace subir el suelo helado. Los pingos crecen muy lentamente y pueden pasar cientos de años hasta que alcanzan los 60 m, su altura máxima. Pueden aguantar hasta 1000 años antes de que acaben rompiéndose y se hundan.

Los pingos se derrumban al fundirse su núcleo de hielo y dejan un anillo de tundra alrededor de un pequeño lago.

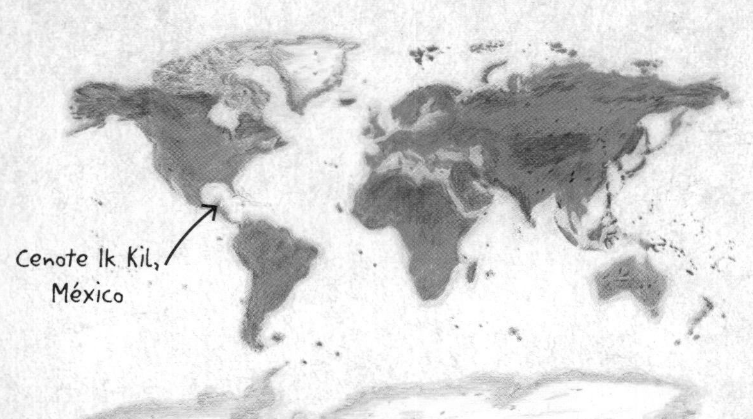

CENOTE IK KIL

El cenote Ik Kil está en la península de Yucatán, México. Es una gran piscina natural, perfecta para nadar, con paredes de roca escarpada y rodeada por una cortina de lianas y cascadas. «Cenote» es una palabra maya que significa «dolina». La península de Yucatán está salpicada por miles de cenotes de distintas formas y tamaños.

En tiempos del Imperio maya, se celebraban sacrificios en honor de Chaac, dios maya de la lluvia, en un cenote.

El cenote Ik Kil mide unos 60 m de ancho.

SENSACIÓN DE HUNDIMIENTO

Los cenotes (dolinas naturales) se forman cuando la roca de piedra caliza de la superficie se hunde y queda expuesto un río subterráneo. El agua es muy transparente porque tiene su origen en agua de lluvia que se ha filtrado a través del suelo. Algunos cenotes están a cielo abierto. A otros, en cambio, se entra a través de pequeñas aberturas en el suelo.

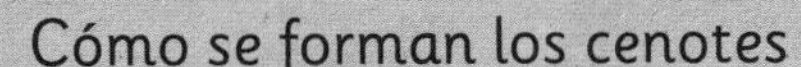

Cómo se forman los cenotes

Los cenotes se forman cuando se hunde la roca caliza cerca de la superficie de la tierra.
El agua de lluvia llega a los ríos a través de grietas y orificios en las rocas.
Ocurre porque el agua subterránea se lleva la blanda piedra caliza que tiene debajo.
En la marea alta, el mar también penetra en la caliza por sus fisuras y hace que se rompa y se hunda incluso a mayor velocidad.

Cenotes sagrados

El cenote Ik Kil está cerca de la antigua ciudad maya de Chichen Itzá. En maya, *ik kil* significa «el lugar de los vientos». Para los mayas, los cenotes, además de ser grandes fuentes de agua, también eran entradas sagradas al inframundo. Se han descubierto huesos humanos y joyas en Ik Kil, todo ofrendas al dios de la lluvia, Chaac.

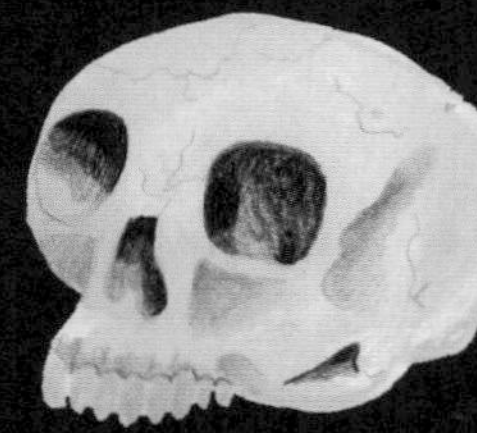

Los sacrificios humanos eran una parte importante de los rituales mayas.

El agua del cenote Ik Kil está a unos 26 m del exterior.

Hábitat espectacular

Yucatán tiene un cálido clima tropical con estación seca y estación húmeda. La brisa sopla por el litoral. Aquí la selva tropical es el hogar de muchas aves y monos, mientras que la fresca agua del cenote es fantástica para los siluros y las ranas.

Momote

En el cenote viven bellas aves, como tucanes, loros y momotes.

En el cenote Ik Kil puedes nadar con siluros y hacer submarinismo para explorar un espectacular mundo bajo el agua.

Cueva del dios jaguar

En 2019, en la cercana Chichén Itzá, los arqueólogos realizaron un increíble hallazgo bajo las ruinas mayas. Descubrieron una red secreta de cuevas conocida como Balamkú, o «dios jaguar» y, tras horas gateando por los estrechos túneles, hallaron un tesoro oculto de más de 150 objetos usados en rituales mayas unos 1000 años atrás.

Con el tiempo, han crecido estalagmitas alrededor de algunos de los objetos. Para saber más de las estalagmitas y las estalactitas, pp. 60-61.

Objetos mayas encontrados en las cuevas de Balamkú

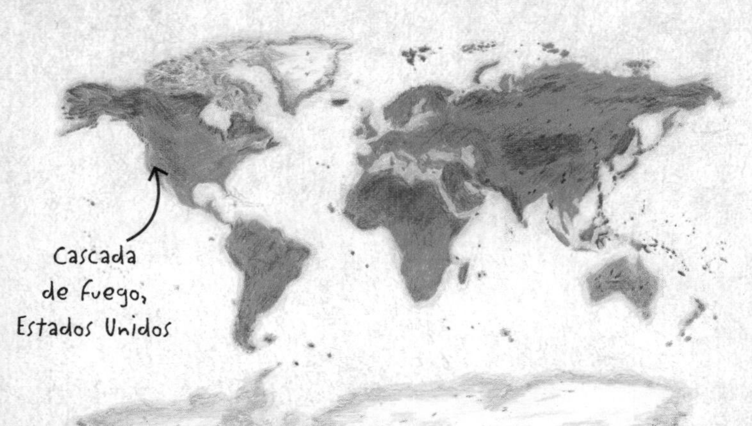

CASCADA DE FUEGO

En febrero, en condiciones adecuadas, parece que las Horsetail Falls del Parque Nacional Yosemite, California, sean una cascada de fuego. Esta famosa catarata solo se puede ver así poco tiempo, al anochecer, brillando como si el fuego líquido cayera por un lateral de El Capitán, un enorme bloque de roca granítica.

Como muchas de las cascadas de Yosemite, las Horsetail Falls solo tienen agua una parte del año (invierno y principios de primavera) porque esta tiene su origen en la nieve fundida.

El Capitán, el lugar donde están las Horsetail Falls, es una de las gigantescas rocas de granito de Yosemite. Tiene una altura de unos 900 m. Los glaciares la esculpieron hace un millón de años. Algunos trozos se están separando lentamente.

YOSEMITE MAJESTUOSO

Las Horsetail Falls son uno de los cientos de saltos de agua de Yosemite. El parque cubre casi 3100 km² de las montañas californianas de Sierra Nevada. Además de sus cascadas, también son famosos sus árboles gigantes, sus valles profundos y sus altas rocas de granito. Su clima es mediterráneo, con veranos calientes y secos, e inviernos húmedos y con nieve.

A la cima de El Capitán, una roca de granito, se llega caminando o escalando. ¡El escalador Alex Honnold lo escaló sin cuerdas ni equipo de seguridad!

La luz de la puesta de sol incide sobre la cascada.

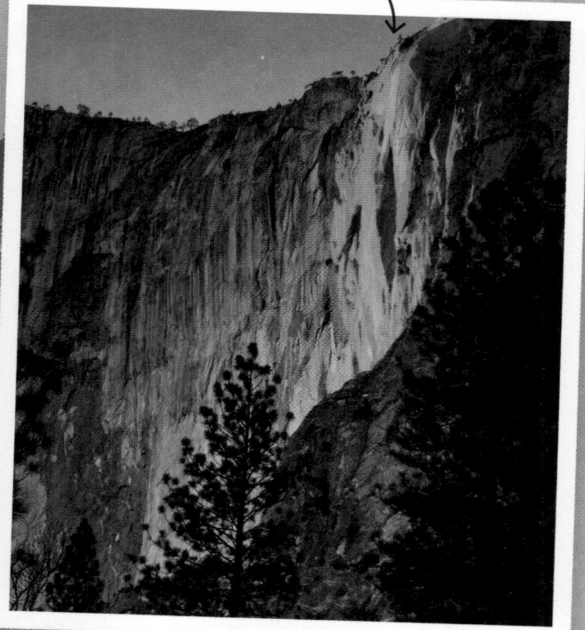

Cola de fuego líquido

Unos pocos días de febrero, las Horsetail Falls se transforman: al anochecer, los rayos de sol se reflejan en el agua y crean una increíble «cascada de fuego» naranja que dura solo unos 10 minutos. Las condiciones deben ser idóneas: cielo despejado y mucha nieve para que la cascada baje muy llena.

De agua a fuego

La luz del sol al atardecer da directamente sobre la cascada y el agua refleja la luz naranja (la flecha indica la dirección de la luz del sol). El Sol tan solo está en el ángulo adecuado unos pocos días de febrero.

Ribbon Falls

Al otro lado de El Capitán está Ribbon Falls, considerado el salto de agua con una única caída más alto de Estados Unidos: en primavera se desploma 491 m ante la pared de roca. Como se alimenta de nieve fundida, en verano suele quedar seco.

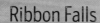

Lince rojo

Secuoyas

Yosemite es famoso por sus gigantescas secuoyas, algunas con más de 3000 años de antigüedad. También es el hogar de más de 400 especies de animales.

COSTA DE LOS ESQUELETOS

La Costa de los Esqueletos en Namibia ocupa más de 500 km de litoral. Es tan espectacular como traidora, y ha sido el cementerio de un sinfín de animales y barcos. La costa debe su nombre a los huesos de ballena y foca, habituales cuando estos animales se cazaban, pero también a los fantasmagóricos naufragios.

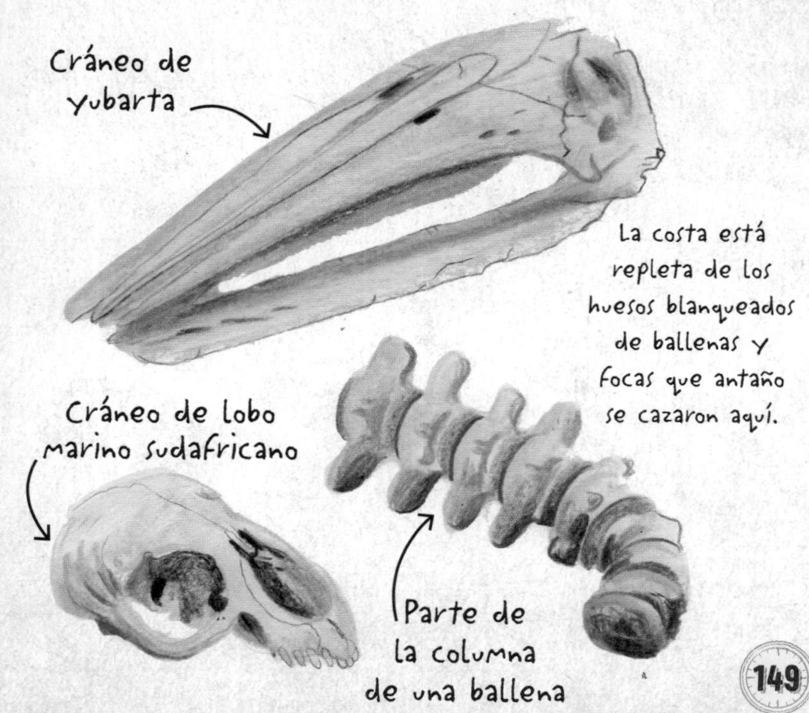

DESIERTO HASTA EL MAR

La Costa de los Esqueletos de Namibia queda entre el océano Atlántico y las dunas de arena del desierto del Namib. Aquí las terroríficas olas baten la orilla, soplan vientos huracanados y entra la niebla espesa del mar. El agua fría de una corriente oceánica fría refresca el aire cálido del desierto y provoca la aparición de la niebla. En este ventoso clima desértico llueve poco, pero la niebla aporta una valiosa cantidad de agua dulce.

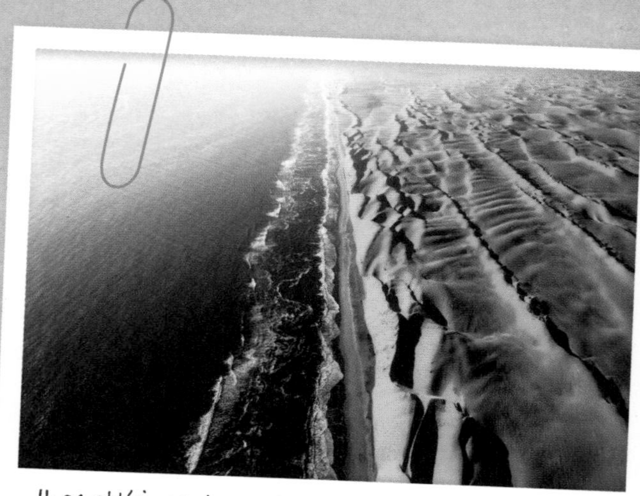

Unas altísimas dunas de arena al mar a lo largo de la Costa de los Esqueletos. La niebla entra y cubre el desierto.

Cómo se forma la niebla

El agua fría refresca el aire cálido del desierto.

Costa de los Esqueletos

Una corriente oceánica fría, la corriente de Benguela, enfría el cálido aire del desierto.

Corriente de Benguela, fría

Se forma la niebla que cubre la Costa de los Esqueletos.

Cuando el aire del desierto se enfría, el vapor que contiene se convierte en minúsculas gotas de líquido que crean la niebla.

Naufragio

Vértebras de ballena

Huesos y naufragios

Además de los huesos de ballena y foca de la orilla de la Costa de los Esqueletos, aquí cientos de barcos han encontrado su final debido a la espesa niebla, las tormentas marinas y las impredecibles corrientes.

Algunos naufragios han quedado enterrados, otros han acabado pudriéndose, pero aún quedan otras reliquias inquietantes, desde botes de madera portugueses del siglo XV hasta modernos barcos pesqueros y cargueros de acero.

Vida salvaje inesperada

A pesar de las duras condiciones, muchos animales viven en la costa, como leones (que aquí cazan tanto kudús como focas), hienas y chacales, y elefantes, que a veces se dan un chapuzón entre las olas. También hay plantas, como los litopos, que dependen de la humedad de la niebla.

Hiena

Kudú (una especie de antílope)

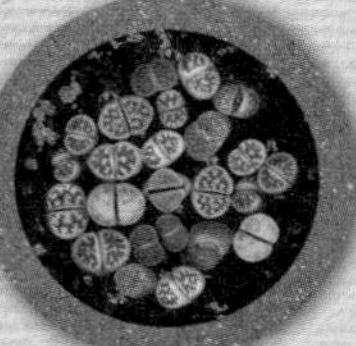

Litopos

Los litopos, o «piedras vivas», se camuflan de una manera brillante para evitar que se las coman.

Lobo marino sudafricano

Elefante africano

Chacal

El mar aquí es rico en plancton y pescado. Los lobos marinos sudafricanos comen pescado en la bahía de Walvis (en un extremo de la Costa de los Esqueletos).

Naufragio (MV *Dunedin Star*)

Los restos del carguero británico MV *Dunedin Star* llegaron a la Costa de los Esqueletos en 1942 y allí se quedaron.

Los restos de los naufragios se quedan porque es complicado llevárselos, pero los restos de los naufragios más recientes se están retirando para que la costa quede limpia y sea segura.

CHINOIKE JIGOKU

Chinoike Jigoku forma parte del conjunto de fuentes termales humeantes de la ciudad de Beppu, Japón. Su nombre significa «infierno del estanque de sangre», por su agua roja en ebullición. La fuente está a unos 78 °C, demasiado caliente para bañarse. Eso sí, el aspecto que presenta es realmente espectacular.

El óxido de hierro del suelo es el responsable del color rojo vivo.

CIUDAD DE FUENTES

En japonés, fuente termal se dice *onsen*. Existen miles de *onsen* por todo Japón, ya que el país se encuentra en el Cinturón de Fuego del océano Pacífico y tiene muchos volcanes activos. Solo la ciudad de Beppu ya tiene unos 3000 *onsen* que escupen más de 130 000 toneladas de agua caliente al día. Para más información sobre fuentes termales, pp. 47-49 y pp. 161-163. Para más información sobre el Cinturón de Fuego, p. 122.

Aunque no te puedas bañar en Chinoike Jigoku, puedes hacerlo en otros onsen. El agua de las fuentes seguras es saludable para la piel, así como el barro de onsen.

Charcas infernales

Ocho de las fuentes termales de Beppu se conocen como *jigoku* (infiernos) por su aspecto. Aparte de Chinoike Jigoku, otra de las más sorprendentes es Umi Jigoku (el infierno marino). El color azul de esta fuente proviene del sulfato de hierro (un tipo de sal que tiene su origen en el hierro), del agua.

Infierno marino

A gusto

En el Parque de los Macacos de Jigokudani, unos macacos japoneses se bañan de vez en cuando en las fuentes termales, donde es seguro para ellos darse un chapuzón. Durante mucho tiempo los científicos creían que así soportaban mejor el duro frío del invierno, pero ahora creen que también les sirve para rebajar el nivel de estrés.

Los macacos japoneses, o monos de las nieves, tienen un pelaje espeso y pueden sobrevivir a temperaturas de hasta -20 °C.

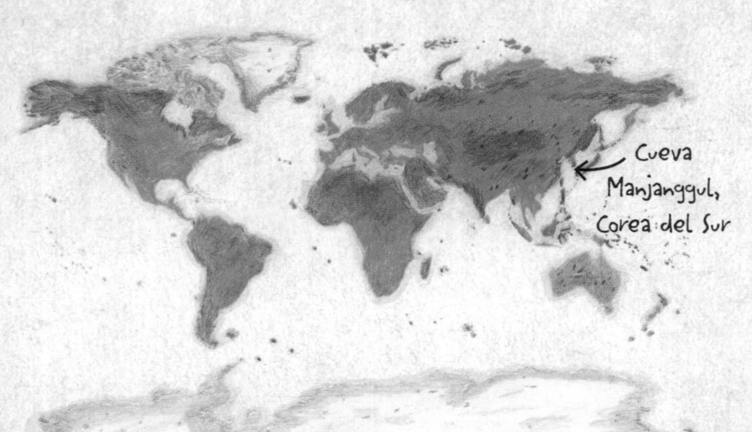

CUEVA MANJANGGUL

Hace casi 2 millones de años una gran erupción volcánica creó la isla de Jeju en Corea del Sur. Todavía hoy pueden verse muestras de este acontecimiento explosivo en toda la isla. Aparte de su volcán principal, Jeju tiene unos 360 conos más pequeños y más de 160 tubos volcánicos, como la cueva Manjanggul, el tubo volcánico más largo de Asia.

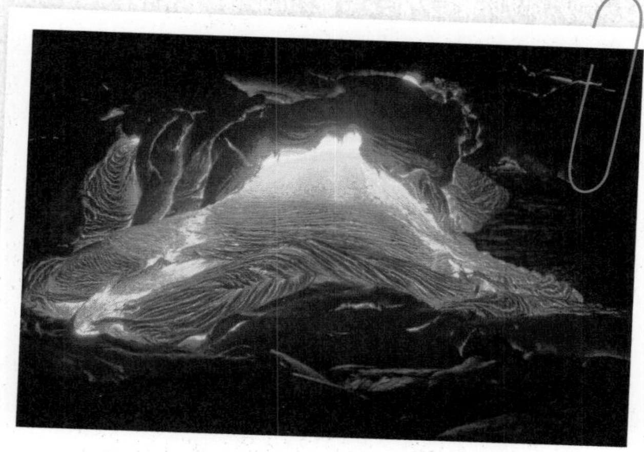

Hoy en día en los lugares del planeta con volcanes activos la lava líquida caliente fluye a través de la lava endurecida y crea túneles, igual que en Jeju hace 2 millones de años.

ELEMENTOS DE LAVA

La cueva Manjanggul serpentea más de 13 km por debajo del suelo. Las paredes y el techo son redondos, parece que hayan sido esculpidos. En su interior hay diversos elementos que se crearon al solidificarse la lava líquida, como estalactitas, estalagmitas y una columna de casi 8 m de altura.

Se formó una columna elevada cuando la lava caliente goteó a través de un orificio del techo del tubo y se solidificó. Después goteó más lava y se solidificó, hasta acumularse y crear la columna.

El flujo de lava se escurrió por un orificio a un nivel inferior del tubo, se endureció y creó una formación conocida como el pie del elefante.

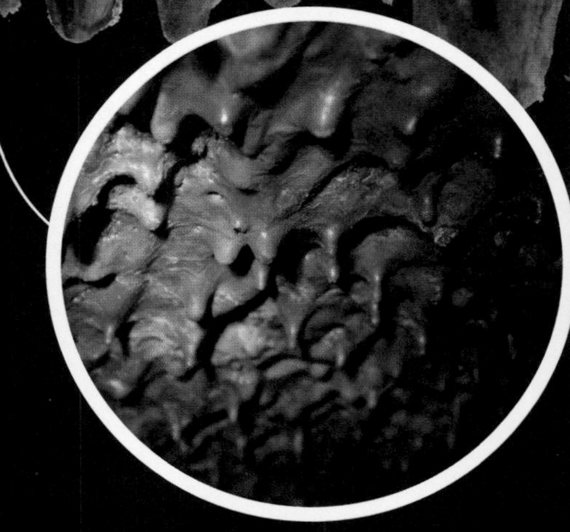

Las estalactitas son formaciones rocosas que cuelgan del techo de las cuevas, no son exclusivas de las cuevas volcánicas. Ver estalactitas creadas por el agua de la lluvia en otro tipo de cueva en pp. 60-61.

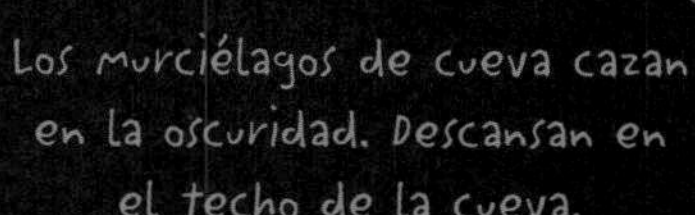

Los murciélagos de cueva cazan en la oscuridad. Descansan en el techo de la cueva.

Las estalactitas se formaron cuando el techo de lava endurecido del tubo se fundió debido al calor de la lava caliente líquida que pasaba por el tubo. El techo fundido se acabó endureciendo en forma de estalactita.

Criaturas de la cueva

Algunos animales se han adaptado a las condiciones húmedas, frías y oscuras de la cueva Manjanggul, como los 30 000 murciélagos que viven allí. Encuentran el camino a oscuras gracias a la ecolocalización: calculan la posición de las cosas por el tiempo que tarda en volver el eco del sonido que emiten. Los nutrientes de sus excrementos sirven como alimento para otros animales, como la recién descubierta araña de la cueva de Jeju.

Cómo se forma un tubo volcánico

Un tubo volcánico es un túnel creado por el avance lento de la lava líquida a través de la lava endurecida en la superficie. Al terminar una erupción se detiene el avance de la lava. La lava restante se va y queda una cueva en forma de tubo.

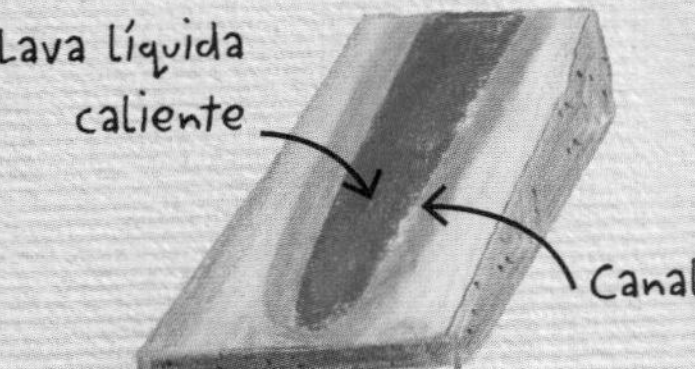

1. La lava líquida de una erupción volcánica crea canales de lava en el suelo como este.

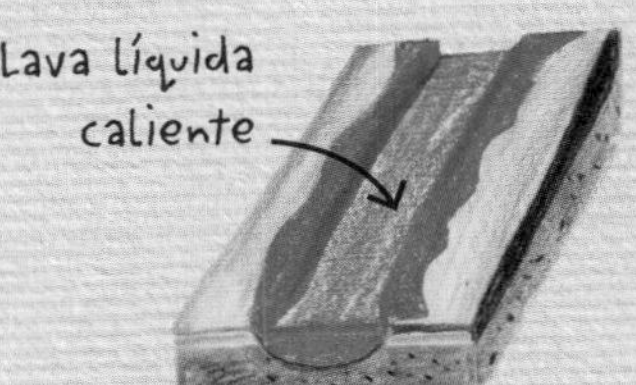

2. Sale más lava caliente, se apila sobre la lava caliente ya existente, crea capas y ensancha el canal.

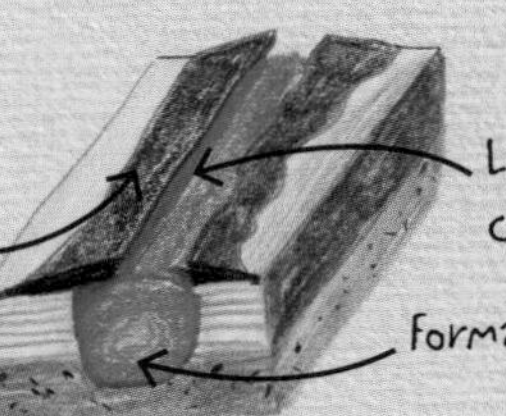

3. La lava superior y lateral se enfría y se endurece. Sale más lava caliente, se acumula y se funde con el suelo, lo que crea la forma de tubo.

Costra de lava sólida

4. Más lava se enfría en la parte superior y los laterales para acabar formando una costra sobre el tubo en la superficie.

5. Finaliza la erupción. La salida de lava se detiene, la lava se va y queda un tubo hueco.

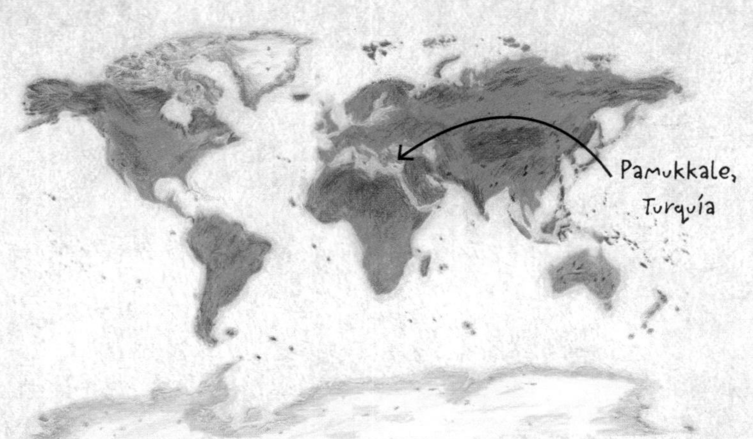

PAMUKKALE

Pamukkale, en el suroeste de Turquía, es un espectacular paisaje natural en el valle del río Menderes. *Pamukkale* significa «castillo de algodón» en turco, y salta a la vista el motivo. Una serie de terrazas blancas llenas de piscinas templadas de color turquesa bajan por la pendiente del valle del río.

Los depósitos de piedra caliza crean las terrazas. El agua de fuente que baja por la ladera del valle contiene esta piedra caliza.

TERRAZAS DE TRAVERTINO

Las terrazas blancas de Pamukkale son de travertino, un tipo concreto de piedra caliza que se forma cuando el agua caliente rica en minerales sale a la superficie, baja por las pendientes de Pamukkale y crea depósitos de carbonato cálcico. El carbonato cálcico se cristaliza y forma el travertino (ver pp. 47-49 y pp. 153-155 para saber más sobre fuentes termales).

El travertino se forma en las fuentes termales, igual que se puede formar cerca de arroyos, saltos de agua y fuentes frías.

A veces el travertino se acumula y tiene aspecto de cascada blanca sólida.

OTRAS TERRAZAS DE TRAVERTINO

Huanglong, China

Por todo el valle de Huanglong en Sichuan, China, las terrazas de travertino salpican el paisaje entre montañas nevadas y bosques espesos.

Cómo se forma una terraza de travertino

El agua caliente forma un depósito.

El agua del depósito salta pendiente abajo.

El carbonato cálcico del agua se cristaliza y forma el travertino.

Con el tiempo el travertino crea terrazas escalonadas.

Las fuentes más antiguas se pueden acabar taponando.

Sale agua (que contiene carbonato cálcico) de la fuente termal.

Depósitos de Pamukkale

Las terrazas de Pamukkale empiezan a casi 200 m de altura en la ladera del valle y bajan hasta el fondo. Existen muchas terrazas con depósitos formadas a partir de 17 fuentes termales. La temperatura del agua oscila desde los templados 35 °C hasta los abrasadores 100 °C.

Hipnótico travertino blanco

Aguas termales

Desde siempre, el agua de las fuentes termales de Pamukkale ha sido apreciada por sus propiedades sanadoras. Justo sobre las terrazas están las ruinas de la ciudad grecorromana de Hierápolis y la Piscina Antigua, donde es posible que Cleopatra se bañara hace más de 3000 años. En la actualidad está prohibido bañarse en la mayoría de las fuentes naturales para evitar que el gran número de visitantes provoque daños.

En la Piscina Antigua, donde se permite el baño, puedes nadar entre las columnas antiguas que un terremoto derribó hace tiempo.

Pamukkale tiene un clima mediterráneo, con veranos calientes y secos, e inviernos suaves, perfectos para bañarse en los lugares permitidos.

Mammoth Hot Springs, Estados Unidos

Las terrazas de travertino de las Mammoth Hot Springs del Parque Nacional Yellowstone, Estados Unidos, tardaron miles de años en formarse.

Badab-e Surt, Irán

Las terrazas de travertino de Badab-e Surt en Mazandaran, Irán, son de color óxido por los depósitos de hierro de una de las fuentes que las crearon.

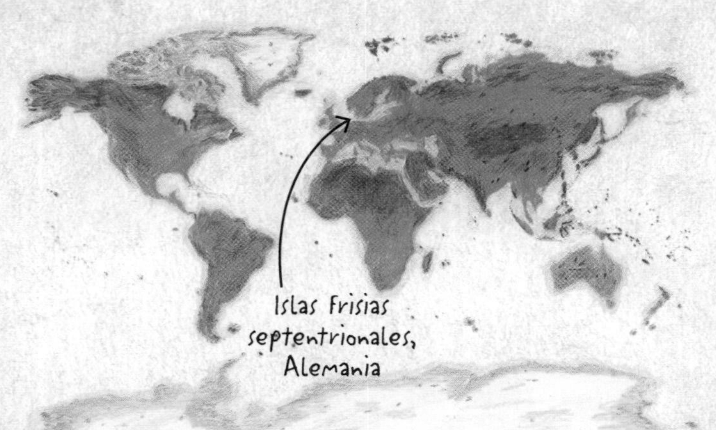

ISLAS FRISIAS SEPTENTRIONALES

Las islas Frisias septentrionales son un grupo de islas sometidas a constantes tormentas en el mar de Frisia, ante la costa norte de Alemania. Durante siglos sus habitantes se han dedicado a la pesca y la agricultura. Hoy los turistas van allí para admirar los pueblos pintorescos, las llanuras de marea, o las aves y las focas.

Cuando baja la marea, enormes áreas de barro quedan expuestas alrededor de las islas cubiertas de hierba.

ISLAS CAMBIANTES

Las islas Frisias septentrionales forman un archipiélago. Se divide en cuatro islas grandes (Sylt, Föhr, Amrum y Pellworm) y diez islotes. Las islas son los restos de tierra firme continental o antiguas islas más grandes, víctimas durante siglos de la erosión de las olas y las tormentas. En la actualidad su forma continúa cambiando. Las islas tienen clima oceánico, con veranos suaves e inviernos fríos.

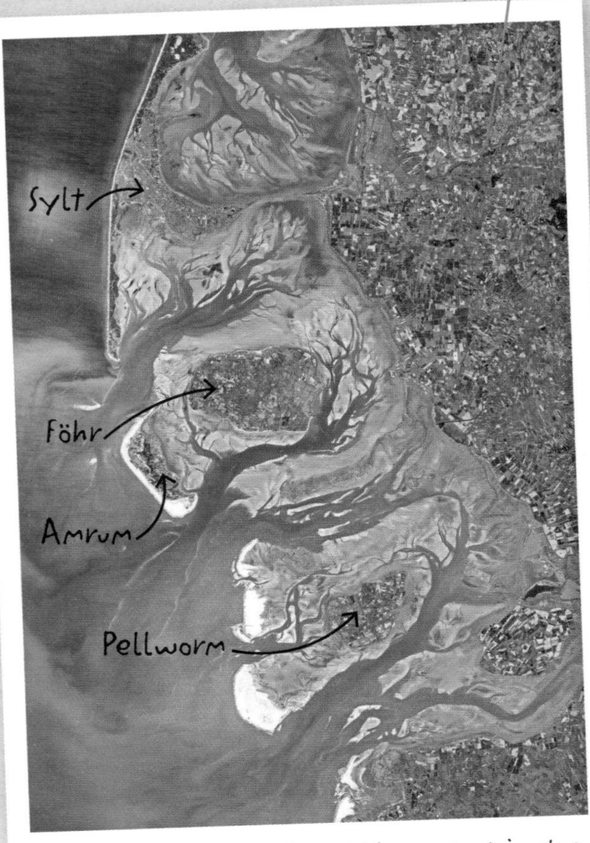

Las cuatro principales islas Frisias septentrionales del mar de Frisia son Sylt, Föhr, Amrum y Pellworm. Una pasarela conecta Sylt con el continente.

Llanuras de marea mágicas

La marea baja dos veces al día y deja expuestas unas grandes llanuras de marea, enormes marismas de barro. Durante la marea baja puedes cruzar el barro para ir de una isla a otra. Aquí están algunas de las llanuras de marea más grandes del mundo. Cuando sube la marea, el agua de mar las vuelve a inundar. Las plantas y animales que viven aquí han tenido que adaptarse al cambio constante de condiciones.

Bajo amenaza

Como otras muchas, las islas Frisias septentrionales están amenazadas por el cambio climático. Con el aumento de las tormentas y la subida del nivel del mar que arrastran enormes cantidades de arena de la costa, podrían acabar desapareciendo. En distintos lugares se han instalado defensas costeras, como diques y bombas, para evitar las inundaciones.

Vida salvaje de la isla

Desde las llanuras y canales de marea hasta las dunas de arena y las marismas salinas, esta área tiene una increíble diversidad de hábitats y vida salvaje: marsopas y focas nadando en el mar, aves migratorias de visita por las llanuras de marea, y lombrices, cangrejos y peces planos viviendo en el lodo.

Lombrices

Gavión atlántico

Cangrejo de mar común

Platija

Foca gris

Foca común

Marsopa común

Las olas vuelven al mar cargadas de arena y piedras.

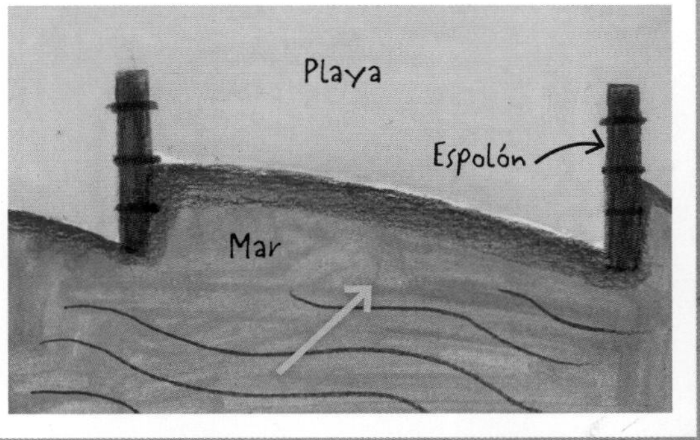

La arena y las piedras continúan avanzando por la orilla gracias a las olas que vuelven a entrar. Los espolones evitan que la arena y las piedras se muevan por la playa.

La flecha azul señala la dirección en la que las olas empujan la arena y las piedras.

Deriva litoral

La forma del litoral de las islas está cambiando continuamente por la deriva litoral, que es cuando las corrientes oceánicas empujan la arena y las piedras de la playa. Primero, la resaca (las olas que vuelven al mar) recoge el material, que después devuelve el rebalaje (las olas que entran) para formar una nueva playa más lejos.

En esta vista de la isla de Pellworm puedes apreciar los espolones, las paredes bajas que actúan como defensas costeras para evitar la erosión.

GLOSARIO

agua subterránea
Agua bajo tierra en suelo, roca o arena.

algas
Plantas y organismos que crecen en el agua o cerca de esta; algunos tipos solo son visibles al microscopio, otros crecen hasta los 50 m.

archipiélago
Gran grupo o cadena de islas; las islas suelen ser pequeñas.

arenisca
Tipo de roca que está compuesto principalmente por partículas de arena.

arenisca de cuarzo
Roca de arenisca compuesta en su mayor parte por cuarzo.

árido
Sinónimo de seco; lugar con lluvia escasa o inexistente.

arrecife de coral
Cresta rocosa construida por unos animales minúsculos, los pólipos de coral, en mares tropicales poco profundos.

atmósfera
Capa de gases que envuelve la Tierra y que llega a una altura aproximada de 1000 km.

bacterias
Organismos unicelulares microscópicos que viven en el suelo, el agua o en plantas o animales.

barrera de hielo
Gran área de hielo que flota sobre el mar, unida al hielo terrestre (glaciares o una capa de hielo); los glaciares o una capa de hielo aportan material a las plataformas de hielo.

basalto
Tipo de roca oscura y de grano fino que se forma cuando se solidifica la lava de los volcanes.

biodiversidad
Variedad de flora y fauna en un lugar concreto o en el mundo.

cambio climático
Cambios en el clima de la Tierra, especialmente un aumento de la temperatura provocado por los niveles altos de dióxido de carbono y otros gases en la atmósfera.

capa de hielo
Glaciar enorme, del tamaño de un continente, que lo cubre todo de hielo.

carbonato cálcico
Polvo blanco en forma de mineral de calcita; lo encontramos en diversas rocas, como la piedra caliza, el yeso y el mármol.

caverna
Cueva larga y profunda creada por el agua subterránea; también, una gran cámara en una cueva.

corteza continental
Partes de la corteza terrestre bajo los continentes.

corteza oceánica
Partes de la corteza terrestre bajo los océanos; es más fina que la corteza continental.

cráter
Gran agujero en forma de bol en la parte superior de un volcán; también, gran agujero en forma de bol creado cuando un objeto enorme impacta contra el suelo.

cristal
Material natural sólido que adopta una forma geométrica (con un patrón regular); a veces se forman cristales en rocas.

cuarzo
Mineral duro y transparente.

desgaste
Descomposición física o química de las rocas; algunas causas del desgaste pueden ser los cambios de temperatura, la lluvia, el hielo y las plantas.

desierto
Región, a menudo cubierta de arena o rocas, en la que cae muy poca lluvia; pocas plantas son capaces de sobrevivir en ella.

dolina
Orificio en el suelo debido a la erosión causada por el agua.

erosión
Proceso por el que el viento, el hielo o el agua en movimiento (o una combinación de estos fenómenos) se llevan rocas y tierra; cualquier agua en movimiento, ya sea la lluvia, el mar, los ríos o los lagos, puede erosionar las rocas y el suelo.

erosionar
Cuando el viento, el hielo o el agua en movimiento (o una combinación de estos fenómenos) erosiona, se lleva rocas y tierra; cualquier agua en movimiento, ya sea la lluvia, el mar, los ríos o los lagos, puede erosionar las rocas y el suelo.

escorrentía
Agua que baja por la superficie de la tierra en lugar de absorberse a través del suelo.

evaporar
Cuando un líquido se evapora, se calienta y se convierte en gas.

fitoplancton
Plantas minúsculas que flotan cerca de la superficie del agua en mares, ríos o lagos; muchas criaturas marinas se alimentan de ellas.

garganta
Valle profundo de paredes empinadas formado por el paso de agua en movimiento, como la de un río, o por la lluvia al descomponer rocas.

geología
Estudio de las rocas que componen la Tierra, su estructura física e historia; los geólogos son quienes la estudian.

geométrico
Palabra que describe un patrón o una forma compuesta por formas o líneas regulares, como una cuadrícula, un cuadrado o un cubo.

geoparque
Paisaje de interés geológico, junto con la comunidad que vive en él; las áreas de este tipo disponen de un plan de acción para ayudar a la población local a promocionarlas y cuidarlas.

geotérmico
Palabra que describe algo conectado con el calor que tiene su origen en el interior de la Tierra.

glaciación
Tiempo del pasado en el que el clima era muy frío y el hielo cubría grandes partes de la Tierra; se han producido diversas glaciaciones.

glaciar
Gran masa móvil de hielo en tierra firme formada por la acumulación de nieve firmemente compactada en

laderas de montañas o cerca de los polos; los glaciares avanzan despacio, a menudo por la montaña, por la fuerza de la gravedad.

gneis

Tipo de roca que contiene capas de minerales, como el cuarzo.

Gondwana

Supercontinente que existió aproximadamente hace entre 550 y 180 millones de años.

granito

Roca muy dura gris, rosa o negra, compuesta principalmente de cuarzo.

impermeable

Describe una sustancia que no permite el paso de gases o líquidos.

inundaciones relámpago

Inundaciones súbitas y de mucho caudal provocadas por una lluvia especialmente intensa.

irrigación

Proceso de hacer llegar agua a campos y tierras de cultivo para que crezcan las plantas y los cultivos.

jade

Piedra preciosa verde que puede tallarse para crear joyas y ornamentos.

laguna

Área de agua de mar casi separada del mar por coral, rocas o arena.

lava

Roca caliente y líquida del interior de la Tierra que llega a la superficie gracias a la actividad volcánica.

longitud de onda

Distancia entre las crestas de las olas y las ondas; la luz y el sonido tienen longitudes de onda.

magma

Roca caliente y líquida de las profundidades de la Tierra; puede subir casi hasta la superficie.

meseta

Gran área de tierra plana que sobresale por encima del paisaje a su alrededor.

metano

Gas incoloro e inodoro; uno de los gases que provoca el cambio climático y el calentamiento global (la subida de la temperatura de la Tierra provocada por los gases de la atmósfera).

microscópico

Palabra que describe algo tan pequeño que tan solo se puede ver con el microscopio.

mineral

Sustancia química sólida formada en el suelo; la mayoría de las rocas están compuestas por minerales.

monzón

Estación en la que los vientos monzónicos traen lluvia intensa a los países del sur de Asia.

península

Gran parte de tierra que sale del continente hacia un mar o un lago.

pigmento

Sustancia que confiere un color concreto a algo.

prehistórico

Palabra que describe un período de la historia que pasó hace mucho tiempo, antes de que las personas empezaran a escribir las cosas.

selva tropical

Bosque que crece en una región tropical y que recibe mucha lluvia.

subtropical

Palabra que describe lugares de la Tierra que quedan al norte y al sur de las regiones tropicales; los lugares subtropicales suelen ser cálidos y tener una estación húmeda.

suelo de arcilla

Capa de arcilla formada de manera natural justo por debajo de la superficie del suelo que retiene el agua tras la lluvia intensa.

suelo de sal

Área de suelo plano formada de manera natural y cubierta de sal.

supercontinente

Masa de tierra única compuesta por toda la tierra firme del planeta Tierra en tiempos prehistóricos.

piedra caliza

Tipo de roca blanca o gris claro, usada a menudo como material de construcción.

placas tectónicas

Piezas gigantescas de la corteza terrestre.

sequía

Período largo de tiempo durante el que llueve poco o nada en un lugar concreto.

temperado

Palabra que describe lugares de la Tierra que quedan entre los polos y las regiones tropicales; estos lugares tienen un abanico de temperaturas más amplio y cambios estacionales más marcados en comparación con otras regiones de la Tierra.

tropical

Palabra que describe regiones de la Tierra a ambos lados del ecuador; los trópicos suelen tener un abanico de temperaturas anual muy limitado y normalmente presentan dos estaciones: la estación húmeda y la seca.

valle de rift

Valle formado por el movimiento de la corteza terrestre; los valles de rift tienen paredes empinadas.

yuca

Planta oriunda de Sudamérica de raíces gruesas que se cultiva como alimento y se usa para hacer harina.

ÍNDICE

A

B

C

R

S

T

V

W

Y, Z

AGRADECIMIENTOS

DK quiere agradecer: a Caroline Twomey por la corrección y a Helen Peters por el índice.

Los editores agradecen a los siguientes su permiso para la reproducción de sus fotografías:

(Clave: a: arriba; b: bajo/debajo; c: centro; e: extremo; i: izquierda; d: derecha; s: superior)

123RF.com: 143702428 161bd, andreykuzmin 25sr (mapa), San Hoyano 127cd, Konstantin Kalishko 134-135b, lorcel 147si, picsfive 17 (nota), 21b (nota), 29 (Note), 36-37 (Note), 41s, 57cb (nota), 60-61b (nota), 65sd (nota), 68c (nota), 73d (nota), 76-77b (nota), 82c (nota), 83sd (nota), 86b (nota), 94d (nota), 103b (nota), 106-107b (nota), 110-111b (nota), 115s (nota), 123 (nota), 130-131b (nota), 139s (nota), 142cia (nota), 151s (nota), 155s (nota), 162-163b (nota), 167s (nota), seamartini 98ca, spumador71 36bi, thais1986 29si; **Alamy Stock Photo:** 146cdb, Agefotostock / Iñaki Caperochipi 90i, Agefotostock / John Higdon 22-23, All Canada Photos / Jason Pineau 139b, Alpineguide 140-141, blickwinkel / Baesemann 136-137, Danita Delimont, Agent / Claudia Adams 150bc, Ulrich Doering 53si, 116-117, dpa picture alliance 143bd, Philip Game 68bi, Thomas Garcia 38-39, 41, Global Vibes 32cdb, Harley Goldman 86-87, Martin Harvey 57cdb, Image Professionals GmbH / Per-Andre Hoffmann 14-15, Image Source / Yevgen Timashov 80-81, Imagebroker / Arco Images / TUNS 91cia, imageBROKER / Holger Weitzel 164-165, imageBROKER / Martin Siepmann 126bd, imageBROKER / Peter Giovannini 94bc, INTERFOTO / Personalities 25sd, Inge Johnsson 42-43, JohnWray 37sd, Andrey Khrobostov 19bd, Christophe Kiciak 106bd, Chris Mattison 115bc, mauritius images GmbH / Nico Stengert 107bc, mauritius images GmbH / Pölzer Wolfgang 13c, Hazel McAllister 91ca, Minden Pictures 50-51, 86cb, 112-113, Juan Carlos Muñoz 53c, Eric Nathan 32cb, Natural History Collection 86cib, Nature Picture Library / Alex Mustard 10-11, 12-13, Nature Picture Library / Alex Mustard / 2020VISION 37cib, Nature Picture Library / Chadden Hunter 127bc, Nature Picture Library / Doug Perrine 30-31, Nature Picture Library / Michel Roggo 24-25s, Nature Picture Library / Solvin Zankl 61cia, George Ostertag 45cd, Paul Mayall Australia 108-109, Christian Pauschert 166sd, Peter O'Donovan 91si, Prisma by Dukas Presseagentur GmbH / Heeb Christian 41sc, Reuters / Mohamed Abd El Ghany 67bd, Juergen Ritterbach 118-119, Robertharding / Michael Runkel 158cib, Russotwins 109bd, Sabena Jane Blackbird 119si (cráneo), Scott Sady / Tahoelight.com 43bd, Science History Images / Photo Researchers 139cdb, Science Photo Library / Ton_Aquatic, Choksawatdikorn 48cd, Top Photo Corporation 81sd, Travel Pix 62-63, Travelart 31bd, Universal Images Group North America LLC / Planet Observer 110bd, 111bc, Yoshiko Wootten 152-153, Xinhua / Zhao Dingzhe 66-67, Solvin Zankl 167cd; **Depositphotos Inc:** luiza.lisnic.gmail.com 111sd, shalamov 56cd; **Dorling Kindersley:** Bill Peterman 73cia, Ruth Jenkinson y Peter Anderson y 123RF.com: stevanzz 151ca; **Dreamstime.com:** Amadeustx 81cib, Anakondasp 29esi, Vorasate Ariyarattnahirun 126bi, Chris De Blank 55bd, Bukki88 39bd, Jeremy Campbell 162bd, Charm Moment 28-29, Ckchiu 105bd, Daboost (Todas las páginas - fondo), Davemhuntphotography 130cb, 167ca, Nadiia Diachenko 17sd, Digitalpress 130c, Eastmanphoto 69bl, Elena Ray Microstock Library © Elena Ray 86bc, Hdanne 167ci, Hpbfotos 47cdb, Idreamphotos 64bd, Isselee 37cb, 151c, Vladislav Jirousek 57cib, Jelena Jovanovic 95cib, Dmitrii Kashporov 115cdb, Tanya Keisha 29cdb, James Kelley 60bd, Anna Komissarenko 77bc, Iuliia Kuzenkova 82-83, Leonovdmn 76bi, Lunamarina 145bd, M K 68-69, Mady Macdonald 138cdb, Robyn Mackenzie / Robynmac 12cia (cinta), 13c (cinta), 20 (cinta), 29 (cinta), 33sc (cinta), 36cib (cinta), 40cda (cinta), 41 (cinta), 57sd (cinta), 60cib (cinta), 72tr (cinta), 73tc (cinta), 76clb (cinta), 80tr (cinta), 81c (cinta), 87sd (cinta), 94sd (cinta), 95ci (cinta), 98cib (cinta), 103 (cinta), 106 (cinta), 110cib (v), 111sd (cinta), 119sc (cinta), 122ci (cinta), 123cdb (cinta), 126cib (cinta), 127cd (cinta), 130 (cinta), 133cdb (cinta), 138cdb (cinta), 143 (cinta), 150cia (cinta), 155sc (cinta), 159 (cinta), 162cib (cinta), Hugo Maes 16cdb, Aliaksandr Mazurkevich 104-105, Mikelane45 167sd, Aitor Muñoz Muñoz 34-35, Perseomedusa 151cda, Veronika Peskova 17ca, Plotnikov 16cb, Rabor74 150sd, Dmitry Rukhlenko 73cd, Martin Schneiter 40, Elena Skalovskaia 103sd, Stephen Smith 40cd, Aleksey Suvorov 82cib, Tampaci 11bd, Thejipen 158, Tiplyashina 80cib, Aleksandar Todorovic 95si, Anastasiia Tymashova 142-143c, Jorn Vangoidtsenhoven 87bc, Olga N. Vasik 121bd, Wirestock 68cdb, Belinda Wu 72-73, Yobro10 151ci, Krisma Yusafet 153bd; **FLPA:** Fabio Pupin 134sd; **Don Funk (Alpine Climber):** 76bd; **Getty Images:** 500Px Plus / Maddy M. 46-47, AFP / Vasily Suvorov 120-121, AFP / Wang Zhao 73cdb, Barcroft Media / Riau Images 106bi, Barcroft Media / Victor Lyagushk 60bi, Bettmann 65cib, EyeEm / Mark Fitzpatrick 74-75, Chung Sung-Jun 159si, Moment / nespyxel 33sd, Moment / RBB 106-107, Moment / Sergio Pessolano 92-93, Anton Petrus 78-79, Photodisc / PhotoStock-Israel 28cib, Stone / Angelo Cavalli 148-149, Universal Images Group / Auscape 76sd; **Getty Images / iStock:** 3quarks 165bd, 167bd, 4045 130-131, 4kodiak 146-147, AndreAnita 82cb, aphotostory 70-71, Astalor 56-57, Bibhash Banerjee 13ci, Bborriss 123sd, Artur Bogacki 69cdb, Worawat Dechatiwong 73sd, DennyThurstonPhotography 45cia, Dgwildlife 82cdb, E+ / brittak 119cda, E+ / raisbeckfoto 117bd, E+ / tanukiphoto 154sd, Mario Faubert 52-53, Forplayday 110cia, glebchik 82ci, gorsh13 69bd, Emma Grimberg 29eci, HomoCosmicos 36bd, Jana_Janina 21sd, Janos 49sd Jason_YU 99cdb, JeremyRichards 126-127, Katharina13 75bd, kavram 56si, 87sd, James Kelley 41cb, kenhophotographer 128-129, LaserLens 130bd, leonardospencer 101bd, LeoPatrizi 37ci, lindsay_imagery 76ci, LordRunar 16-17b, lu-pics 167c, mammuth 37sc, MarcelStrelow 58-59, Pedro Moraes 113bd, nevskyphoto 98bl, oscity 110bi, peterkocherga 82ca, Prill 119si, Ondrej Prosicky 57bd, 143sd, Natalie Ruffing 37bc, Sanga Park 99bd, SeanPavonePhoto 154, shalamov 155, ShantiHesse 94-95, Smitt 18-19, 20-21s, Gustavo Muñoz Soriano 35cdb, Stanson 114, starush 162, Nicolas Tolstoï 137bd, TopPhotoImages 162bi, ugurhan 163cd, VisualCommunications 106ci, VladKyselov 97bd, vvvita 26-27, 29ci, 29ecia, Dennis Wegewijs 131bc, Panida Wijitpanya 102cd, Wojciech-P 143cda, zanskar 132-133; **naturepl.com:** Mark Moffett 134cd; **Keith Partridge:** 6cia; **Lightsparq Photography / Vijay Manohar:** 144-145; **Julian Jansen van Rensburg:** 135si; **Science Photo Library:** Wim Van Egmond 32cda, Ted Kinsman 45c; **Shahrogersphotography.com:** Anup Shah 53cib; **Shutterstock.com**: akedesign 98-99, Andrey Armyagov 33cb, AzmanMD 156-157, Colin Bourne 76cdb, Matteo Chinellato 110cb, chrisontour84 150-151, Yevhenii Chulovskyi 130bd, ddg57 71bd, Jakob Fischer 163bc, FJAH 158sd, 159sd, Niks Freimanis 61bc, Gregorioa 107si, Guaxinim 127si, Claude Huot 150c, Shaun Jeffers 49cib, JekLi 2-3, Iurii Kazakov 122cib, Ralf Lehmann 157bd, Lukas Bischoff Photograph 44bi, McDow Photo Inc 147cb, Mirigrina 84-85, Ingrid Pakats 122-123, Suzanne Pratt 48bi, Luciano Santandreu 29cia, SAPhotog 57sd, Serjio74 124-125, Lauren Squire 102-103, Suksamran1985 160-161, TAW4 72sd, Pakawat Thongcharoen 100-101, TOMO 155sd, Nguyen Quang Ngoc Tonkin 96-97, 131sc, Jessica Towns 48-49, Jürgen Wackenhut 166-167b, Oleg Znamenskiy 54-55; **SuperStock:** Minden Pictures 88-89; **U.S. Geological Survey / Bethany L. Burton:** 25cib

Imágenes de la cubierta: *Cubierta frontal:* **Getty Images / iStock:** ixpert c/ (globo); *Cubierta frontal y contracubierta:* **Alamy Stock Photo:** Inge Johnsson bc; **Dreamstime.com:** Wirestock cd; **Getty Images / iStock:** Mario Faubert ci, MarcelStrelow ca, PavelSinitcyn bi; **Shutterstock.com:** Bruno Biancardi ecdb, Guitar photographer sd, Andrea Izzotti si, lindamka sd, PawelG Photo ebd, Nicola Pulham cia, Ricardo Reitmeyer cb, Dmitriy Rybin c, Scapigliata cdb, Marcel Strelow sc; *Lomo:* **Shutterstock.com:** Andrea Izzotti s, lindamka cb, PawelG Photo b, Nicola Pulham ca

Resto de las imágenes:
© Dorling Kindersley

Para más información ver:
www.dkimages.com

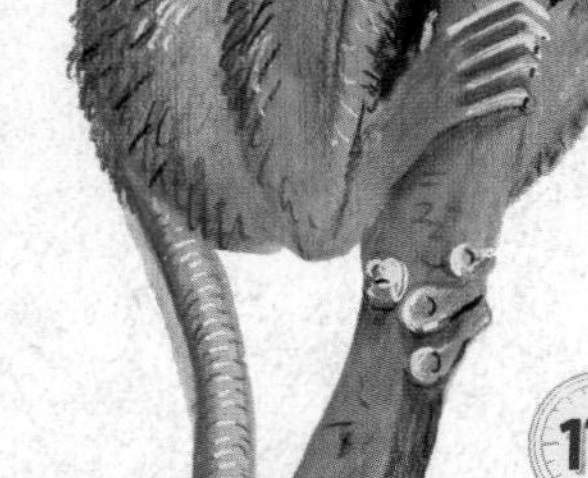

Sobre la autora

Anita Ganeri es una autora de libros de divulgación para niños que ha obtenido numerosos premios. Su serie de éxito *Horrible Geography* (Scholastic Children's Books), obtuvo el Blue Peter Best Book with Facts en 2009. Es miembro de la Royal Geographical Society y de la Royal Scottish Geographical Society. En 2010, fue galardonada con la Tivy Education Medal por la Royal Scottish Geographical Society por su «extraordinaria contribución a la educación geográfica».

Sobre el ilustrador

A Tim Smart le encanta el mundo natural y dibuja la naturaleza desde muy joven. Sus dibujos favoritos de este libro son los de las ballenas. No tiene un color preferido, pero el añil oscuro y el amarillo arena son los lápices que más gasta. Tim tiene una barba larga y desaliñada, y vive en Londres con sus dos mejores amigas, Katherine y Enid.